今日から2週間が勝負です！
〝てっぱん習慣〟を身につければ、
一生、好きなカラダでいられます。

本書でご紹介する食習慣やエクササイズは、私にとってもはやダイエットメソッドではなく、気持ちいいカラダを目指したらこうなった、という日常の一部です。私のダイエットは、30代後半からの、それはもう上がったり下がったりの紆余曲折を経て今に至りました。

食べないダイエット、カロリーばかり気にするダイエットなど、失敗を繰り返して試行錯誤を重ね、ようやく今の年齢やカラダに合ったライフスタイルを見つけました。おかげでなりたい自分に近づいていると思います。48kgのベスト体重に落ち着いてからすでに13年。現在もリバウンドはありません。体を壊したり、無用なストレスを抱える心配もなし。

シルク流ダイエットは、単にやせることだけが目的ではありません。継続することが大切なのです。自分に合った食事、適度な運動とストレッチ、そしてストレスともしっかり向き合いながら、自分にできることをあきらめないで、ベストの生活を見つけましょう。そうすれば、自分史上ベストの気持ちいい自分に出会えます。

人って2週間継続できれば、だいたいのことは続けられるそうです。2週間試して「これならイケそう！」と思えば、3ヵ月、半年、1年と続けてください。続けるほどにあなたに合う生活、そしてもっと気持ちいい生き方がわかってきます。“てっぱんダイエット”は、目標体重やサイズに到達してからが本当の勝負。リバウンドなくベストの状態を維持するには、無理なく毎日自然に続けられる、快適な生活習慣を身につけるしかありません。

自分史上ベストの生活習慣を身につけていくことは、自分自身を改めて理解する過程です。ダイエット中は惰性や思い込みではなく、「私にとって本当においしい食事は？」「本当に気持ちいい運動は？」とカラダに問い続けてください。

本当の自分を知ると、もっと自分を大事にしたくなります。いくつになっても愛しい自分のカラダを保つ＝自分を愛すること。目標に近づくにつれ、じわじわ達成感や自信が芽生え、それがやがてあなたの“自芯”となるでしょう。

さあ、あなたも今より「キレイで好きな自分」になるために、このてっぱんダイエットをあなたの「てっぱん」にしてくださいね!!

シルク流
てっぱんダイエットの心得

1 「自芯」を持ちましょう。

努力すればやせるは大間違い。
無理な我慢でキレイになれません。

大切なのは、心の芯。固く頑丈ではないけれど、しなやかで折れない心です。
それがあれば誰でも、何歳からでも美しくなれます。

2 ChangeとChanceは一字違い。

一生好きなカラダでいるための、
てっぱん習慣を身につけましょう。

習慣をチェンジすることが、きれいになるチャンスです。

3 食欲には、美欲で勝つ。

ただ我慢して抑え込むのではなく
"未来妄想"を武器に、戦うことが大事。

食欲の誘惑に負けそうになったら、美欲（未来のなりたい自分のイメージ）を
思い浮かべ、絶対にやせたいという気持ちで戦いましょう。

4 ストレスをハッピーストレスに。

ストレスはあなたの敵ではなく仲間です。

ダイエットにストレスはつきものです。無くそうと思うのではなく、
上手につきあえば、ストレスと感じていたことがいつしかハッピーに。

5 その日は地味にやってくる。

ダイエットの目的は、朝起きた時に
「気持ちいいな」と思える自分と出会うため。

ある日突然やせて、きれいにはなりません。やせたいという願いがあれば、だんだん好きな体型に近づき、
気持ちいい生活に近づいていく……、そんなダイエットならリバウンドしません。

シルクのべっぴん塾

てっぱんダイエット

Beauty Camp 2weeks

Easy-to-do Exercise

太らないカラダになる、てっぱんトレ。

Listen to Your Heart

リバウンドしないための、心のケア。

Special

Silk's Message

Book in Book

この本で紹介した商品は私が実際に愛用しているものです。ジュースやおやつのレシピも、普段食べているものを掲載しています。材料、調味料などの分量は、ご自分の好きな味に調整してください。
大(大さじ)は15ml、小(小さじ)は5ml、1ml＝1ccです。
ジュースを作るときの水は常温のものを使ってください。

シルクのべっぴん塾

てっぱんダイエット

Beauty Camp 2weeks

Contents

Diagnose

ダイエット診断。

Eat Healthy

きれいにやせる、食べ方術。

本当の自分を知ることがダイエット成功の秘訣です。

てっぱんダイエットをはじめる前に。今の自分を見つめてみましょう。

　ダイエットの語源は、古代ギリシャ語の「生活様式」「生き方」からきているといわれます。私の思うダイエットもまさにその通り！　太る最大の要因は、その多くが生活習慣にあります。「自分に合う正しい生活習慣」を見直すことが、ダイエットの本質だと思っています。その結果、自分にとって一番気持ちいい状態、自分史上最高の「気持ちいいカラダ」になるのがベスト!!

　ダイエットとは、誰のためでもなく、最後まで自分のために、自分を好きでい続けるためにするもの。我慢したり、無理したりで不幸感が増すダイエットなんて、する意味ありません。ですから、ダイエットをはじめるにあたっては、まず自分をじ

Look at Yourself.

っくり見つめ直すことが大事です。

私にとってダイエットとは「＝やせる」ことではありません。

そもそも今のあなたの状態や体型は、普段何気なく続けてきた生活パターンが作り上げたもの。カラダは欲しがってないのに、習慣的にダラダラと食べ物を口にする生活をしていたり、運動不足で筋肉が減り、基礎代謝が落ちている場合も。こうした悪循環から、太りやすくやせにくいカラダになっている可能性大。その原因を見直さない限り、真のダイエットは難しいといえるでしょう。また、自分が心から気持ちイイと思える生活習慣を身につけるには、真の自分の気持ちや願いがわからないと、成功は厳しいとも思うんです。

だからはじめる前にまずは「なぜダイエットをしたいのか?」「ダイエットで、どんな自分になりたいか?」ココロの声にじっくり耳を澄ましてみましょう。無理な我慢や、無用のストレスを抱えないためにも、それが大切な作業なのです。私にとってダイエットの成功は、決して「○kg、○cmやせた!」がゴールではありません。今後一生リバウンドせず、居心地の悪いカラダに戻らないことこそが真の成功。年齢とともに変化しつつ、毎日を楽しみながら永続的に気持ちいいカラダをキープし続ける。そんな生活習慣を身につけるためには、今から2週間が勝負です!

2週間続けられたら、大体のことはカラダが覚えはじめます。自分にとって本当に気持ちいい生活を、ココロとカラダがどんどん欲するようになって、自ら好んでさらに前向きに、もっともっとカラダに良いことをしたくなります。こうして生活そのものが良いサイクルへ変化しはじめたら、もうしめたもの!

つまりダイエットとは、本当に気持ちいい自分を見つけるチャンスです。さあ私とご一緒に、健康で美しい自分に出会うために、ビューティーキャンプ2週間のはじまりです!

あなたのダイエットが成功しない5つの理由。

私が開催している『シルクのべっぴん塾』イベントで、よくあるのが「何をやってもダイエットに失敗するんですが、何かいい方法は？」という質問。そんな人たちの共通項は、間違った思い込みとダイエットストレスの罠です。もしかしたら、あなたもこんなミスをしていませんか？

1 思い込みダイエットの罠があなたを不幸に陥れます。

雑誌やWEBでダイエット特集を読み漁り、ＴＶ番組で生半可な知識を聞きかじって……。仕方ないこととはいえ、現代では普通に生きているだけで、数え切れない情報が目や耳に飛び込んできます。でも、気をつけて！　多くの人が“知識太り”している傾向が……。まずは不要な知識にこそダイエットが必要です。

巷で次から次に言われる「アレしなさい、コレは我慢！」などというあやふやな情報をうのみにして振り回されていると、挫折を繰り返すばかり。不要なストレスでがんじがらめになって、自分にとって本当に気持ちイイことがわからなくなってしまいます。そのあげく、食べては食後に不要な罪悪感を抱く、極端に食事を制限する、無理な運動でカラダを壊すなど、幸せとはほど遠いダイエットに陥ってしまいがち。ダイエットによって、今よりも気持ちいい自分になれなければ、する意味なんてないと私は思っています。ですから、ダイエットに関するこれまでの思い込みをまずスッキリ取り払い、頭をゼロに戻して、それよりももっと自分を知りましょう。

あなたにフィットする心地よい習慣を身につけ、自分に一番合うダイエット法を見つけることが何より大切です。

2 “ばっかり食べ”には要注意!

リンゴだけ、バナナだけ、キャベツだけ……。巷でよく聞く「それだけ食べてやせる」というダイエット論は疑問。１種類の食物だけなんて栄養が偏らないわけがありません。また、脂質を抜く、炭水化物を抜くという方法も考えもの。単なる減量ではなく、キレイになるダイエットでは、食事はバランスが第一。n-9、n-6、n-3といった良質な脂質はお肌のために不可欠ですし、炭水化物だって必要。本来、カラダに必要なものを与えていないと、カラダはそれを欲しがり続け、それが過食の元に。必要な栄養素が足りていれば、脳が認知して満足感を得られるはずです。

3 数字に振り回されてはいけません。

古いダイエット観では、カロリー重視で低カロリー食ばかりを提唱したり、食べない＝やせるという危ない論調もまかり通っていました。でもこんな数字に惑わされ、体調やホルモンバランスを崩してダイエット前よりも美が低下……なんて論外。また、1日何度も体重計に乗ってはタメ息というのも×。こうした数字に振り回され、ダイエットストレスでガチガチになってしまっては元も子もありません。ほどよい緊張感はモチベーションを高めるハッピーストレスになりますが、ダイエットでは、不要なストレスから自分を解放することが成功への近道です。

4 「ド根性論」は一掃しましょう!

ダイエットは「根性さえあれば」「意志さえ強ければ」というド根性論で乗り切れるものではありません。そもそも一時的にぐっと我慢を強いるから、反動でリバウンドが起こるわけです。ダイエットは力まず、心穏やかに行うのがベスト。「～でなければ」という縛りから自分を解放して、「これなら自分にもできそう」という方法を見つけましょう。それこそお化粧するように、無理なく毎日自然にできる美習慣を身につければ成功は間違いなし！

5 ダイエットに大きな幻想を抱いていませんか?

よくあるのが「ダイエットでやせさえすれば幸せになる」という幻想。ある日ド～ンとシンデレラみたいに美しく変身……、という華々しいイメージを抱いていると、挫折感を抱きやすいんです。「太っているから何事も上手くいかない→やせさえすれば上手くいく」というのも大きな誤解。自分にとって最適な体重になる、着たかった洋服が着られる。その日は案外、地味にやってきます。ファンファーレも拍手もなく、ある日気がついたら変化している。そういうものです。最初は周囲も気づかず、大した反応もないかも。でも大事なのは他者の反応ではなく、自分の中の変化。毎朝気持ち良く目が覚める。鏡を見るのが楽しくなった。やせて良かったという実感があればそれで大成功。やがてやり遂げた感がじわじわ出てきて、自分の芯＝自芯となり、精神的にも強くなれますよ。

Diagnose Yourself.

シルク流ダイエット診断。

あなたの本質を知ればダイエット法がわかります。

ダイエットにおける重要なキーワードは、「継続は力なり」。今日から始める新しい習慣を継続していけば新しい自分に出会える、という意味で継続が大きな力になるのです。続けられもしない習慣を身につけようなんて、そもそも無理な話。自分が無理なく、気持ち良く続けられるダイエットプログラムでなければ、なりたい自分は手に入りません。

そのためには自分には何が必要で、何が不要かをしっかり認識することが大切です。その本質がわかれば、自分が好きなカラダを手に入れることは決して夢じゃありません。カラダをいじめるのではなく、自分のカラダを愛し、いたわり受け入れて、そこからもっと気持ちイイ方向に修正していけばいいんです。それが、てっぱんダイエットの真髄。

そこで、まず自分の本当の気持ちを明らかにしてみましょう。左ページの設問に従って、ココロの声にじっくり耳を傾けてください。1つひとつ正直に答えていくと、奥底にくすぶっていた意外な心理が浮かび上がってくるはず。あなたのダイエットに対する思い込みや幻想、なぜ今までダイエットで失敗し続けてきたのか、その根本原因が明らかになるかもしれません。

てっぱんダイエットのもう1つの大きな目的は、自己肯定感UPです。続けるほど自分を大事にする。自分をもっと好きになる。このプロセスが伴わなければ、ダイエットは逆に人生を不幸に陥れる、とキッパリ言い切れるほど。ダイエットは決して昔ながらのド根性節、いわゆる「意志の強さ」や「根性と気合い」で成功するものではありません。失敗したからといって人間失格なわけでもないのです。大事なのは、自分がどういう人間で、どんな生活習慣が本当の自分に合っているのか、その方法を見つけることなんです。

だから今のあなたの希望、不安、ダイエット観など、恐れずに心の内をしっかり洗い出してみましょう。必要なものはペンだけです！　回答からきっと、あなたにぴったりのダイエット法が見えてきますよ。

ダイエット診断チェックシート

以下の設問に、できるだけ具体的に答えを書き込んでください。十分に時間をかけて、自分のココロの声をじっくり聞きましょう。心の奥にある本当の気持ちを洗い出してみる。この作業こそがダイエットを成功へと導く、大切な道しるべになるんです。

Q1 なぜやせたいのですか？

Q2 ダイエットをしようと思ったきっかけは何ですか？

Q3 いつまでに何kgやせたいですか？

Q4 ダイエットで「こんな風になりたい」という自分のビジュアルイメージを、できる限り具体的に言葉で表現してみましょう。

Q5 その目標は達成できると思いますか？

Q6 今までにダイエットに失敗した経験がありますか？

Q7 自分の性格の長所・短所を、それぞれ3つずつ書き出しましょう。

今、あなたに必要なダイエット法は？シルクからの回答。

あなたの回答から浮かび上がるのが、ずばりダイエットの成功率。決意が強く、理由が具体的であるほど成功率は高く、曖昧な人ほど低くなります。そこで、2週間で自分にぴったりの美習慣を見つけるため、回答で示した2タイプ、「がちモード」か「ちょいノリ」か、あなたのモードを決定しましょう。自分がどちらに当てはまるかは、数が多い方が有効となります。

タイプを決めるには、それぞれの回答から合計します。
ちょいノリ が4つ以上の人→ **ちょいノリ**
がちモード が4つ以上の人→ **がちモード**

Q1

あなたがやせたい理由。

A これであなたの目的と動機の強さが明らかになります。「体重を○kg落としたい」、「今の体型では着たい服が着られない」など、体重や体型に関する具体的な理由の人はOK。がちモードで始めましょう。それ以外の人はまだ時期尚早かも。「素敵な彼氏を見つけたい」といった漠然とした目的だとやや虚弱。幻想を捨て、現実的で具体的な目標をしっかり見据えるまで、ちょいノリで始めましょう。

Q2

ダイエットのきっかけ。

A 「彼（親）に言われて」とか、「友人がやせたから私も」という、他人をきっかけに急にテンションが上がって挑むタイプは、テンションが落ちると挫折する危険性大。ダイエットは、あくまで自分のためにするもの。他人は関係ありません。このタイプは、自分の意志が固まるまでちょいノリでスタートしましょう。逆に「体が重い」「服が着られなくなった」など、明確な理由があるなら、がちモードで積極的にトライを。

Q3

いつまでに何kgやせたい？

A ここでハッキリと具体的な数字を掲げた人はOK。ただ、かなり無理めの数字なら要注意。減量は90日で－2.5kg程度が無理のないペースです。まずは6ヵ月で－7～10kg程度の実現可能な数字を目標にがちモードで頑張りましょう。「大体○kg」「○月くらいまで」など曖昧な人は、はっきりした目標がなく、ダイエットしている自分に満足してしまうタイプかも。まず気持ちいい生活習慣を知るためちょいノリで試すことをおすすめします。

Q4

なりたいイメージを具体的に描ける?

A ズバリ、より具体的に細かくイメージできた人ほど成功の確率高し！　顔、バスト、ヒップ……、どこをどう変えたいか、明確に描ける人ほど努力できるから、**がちモード**で即スタート！　成功した後も、明確なイメージを持ち続けることが体型をキープする鍵。ぼんやりとしか想い描けない、全くイメージできなかった人は、「なりたい自分」を明確にイメージして、**ちょいノリ**ではじめてみましょう。

Q5

その目標は達成できると思う?

A この回答で、あなたの意志の度合いが浮かび上がります。YESと答えた人は、何カ月後に目標体重○kgとしっかり設定して、最初から**がちモード**で臨みましょう。どちらとも言えない、という弱腰な人は、最初は**ちょいノリ**で。様子をみて、行けそうだと思ったら**がちモード**に切り替えましょう。NOの人は、本当はやる気がないか、あるいは目標が高過ぎるかも。まずは**ちょいノリ**から試してください。

Q6

ダイエットに失敗した経験。

A 実は失敗の経験がある人ほど有利。ダイエットの失敗とは、1度は努力したけれど、継続できなかっただけ。なぜ続けられなかったか、その理由を見つめて今回に生かせばOK。失敗の経験がある人は、ダイエットを前に起こる様々な感情を無視せず、今回は実現可能な目標で、**がちモード**で挑むのがおすすめ。自分はストレスに弱いタイプだと思えば**ちょいノリ**でもOK。失敗から学んでダイエットタイプを見極めれば、次は必ず成功するはず！

Q7

あなたの性格の長所・短所について。

A 気配りができる、我慢強いといった、いわゆる「大和なでしこ」タイプは、実は意志が強く、目標や期限を明確に決めて**がちモード**で挑むのが正解。長所は自分を励ますモチベーションアップにも活用できますよ。短所は挫折しがちな弱点の発見に活用しましょう。短期間でクリアしたい短気なタイプは**がちモード**、面倒臭がり屋さん、飽きっぽい人は**ちょいノリ**でまずペースをつかんで。負の要素も計算に入れておくことが成功の鍵です。

あなたのタイプは

ちょいノリ

面倒くさがりで飽きっぽく、何事も我慢するのが苦手。できるだけラクしたいタイプ。あるいは、2週間でも続けられるか自信がない人は、軽〜い気持ちで簡単な生活習慣の見直しから、ちょいノリでゆるっと始めましょう。目標体重も決めず、体重計測も週1程度でOK。がちモードさんが毎日するところを、ちょいノリさんは週1〜3日。それで1ヵ月に－1kgなら大成功！「これはイヤだけど、アレならできる！」そんな気軽なノリで、無理せずできることからスタート。そのうち心とカラダが本当の快適さを知ると、カラダも変わりはじめ、もっとやる気が出てくるはず。大切なのは、義務感ではなく「どんな自分になるんだろう！」とワクワクしながら続けること。気持ちいい自分に目覚めれば、心もカラダも自然とよい方向へ変わりはじめます。

まず2週間はゆるいペースの「ちょいノリ」でスタート。

面倒くさがりで飽きっぽい、我慢するのが苦手なタイプ。あるいは、続けられるかやや自信がないという人も、軽い気持ちで「ちょいノリ」からお試しあれ。これなら楽勝と思えば、途中から「がちモード」に変更を。お試しして、やっぱりもっとスピードアップして達成したいからがちに変更でも、もちろんOKです。

あなたのタイプは

がちモード

何事も本気でガッチリ取り組みたい、という私のようなタイプはがちモードで挑むと成功率が高いのです。このタイプは、まずスタート時に体重、ボディサイズを細かく計測。左右の二の腕、バスト、ウエスト、ヒップ、太もも、ヒザ、ふくらはぎ、足首をメジャーで採寸し、各部位の目標を具体的に設定しましょう。そのほうがやる気UPに繋がります。後は1日1回、決まった時間、決まった服装（裸が理想）で記録します。また3ヵ月、半年後など終了日を決めてください。タイムリミットを決めると脳が本気になります。「いつかきっと」より「〇〇までにきっと」の方が、夢は叶うという研究結果もあるほど。そして失敗しても成功しても必ず1度この日で終了。目標達成できなかったら、次はちょいノリでゆっくり続けてみましょう。

「がちモード」パターンで、2週間頑張ってみてください。

基本的に、〇月までに－〇kgときっちり目標を立て、ガッツリ突き進みたい猪突猛進型さん、達成感を得るのが好きな根っからの頑張り屋さんなど、粘り強いタイプは「がちモード」の方がやる気が出ます。もし途中で続けるのが難しいと感じたら「ちょいノリ」モードに変更もOK。疲れている日、モチベーションが落ちてる日だけ「ちょいノリ」もアリ。とにかく「続けること」を最優先に、自分をガチガチに縛らず続けましょう。

Part.1

Realize Your True Beauty.

Eat Healthy.

きれいにやせる、食べ方術。

カロリーばかり意識して、食べたいものを我慢する必要はありません。
カラダがよろこぶ食べ物をしっかり食べてやせる、てっぱん術をご紹介します。

ダイエットで一番大切な食の話。

我慢する必要はありません、しっかり食べてやせましょう。

食生活の見直しは、ダイエットにおいて最も大事な基本です。でも、一番やってはいけないことは、極端に〝食べない〟ことだとも思っています。無理な食事制限でやせると、血管年齢や筋肉が老化し、女性ホルモンにも悪影響を及ぼすなど、キレイになるどころか、逆に老け込んでしまう恐れも。自分が見ても他人から見ても、気持ちいいカラダ作りには、食べるときにはしっかり食べ、適度にカラダを動かしてやせるのがベスト。ただし、好物だと思い込んでいる食べ物を、実はカラダが欲しがっていない、ということは多々あるんです。

もしあなたが、ほぼ毎日好きな物ばかり食べていて、それで食べ過ぎて太っているのだとしたら、まず好

Food and Losing Weight.

物について見直す必要があります。

カラダって本来、肉体を健全に維持するために、必要なものを摂取するまで「くれくれ！」と言い続けるんです。それはカラダが本当に必要なものを「食べなさい」と促しているサイン。でも「野菜をくれ！」と叫んでいるのに、またお菓子を食べれば、カラダは要求をやめません。だから太るのです。もし心穏やかにカラダの声に耳を傾け、必要なものを食べていれば、脳が認知して1度で満足感が得られるはず。食べても食べても「アレ食べたい、コレも食べたい」となる人は、必要な食物が摂れていない可能性大！　1度じっくりカラダの声に耳を傾けてみてください。

太ってくると五感が衰えるといわれます。だからいくら必須栄養素を摂ることができるからといって、サプリばかりに頼るのは危険。食事は、味覚以外に、食感＝触覚、見た目＝視覚、音＝聴覚、匂い＝嗅覚、このすべてを脳が認知するから満足感が得られるのです。さらに五感を磨くためには、しっかり空腹感を味わうのも大切なこと。カラダの声が聴き取りやすくなりますよ。

1日に必要な食物の目安として野菜３５０ｇ、果物２００ｇといわれていますが、数字に縛られるとストレスになるから、私は野菜&フルーツジュースの朝食をおすすめします。これで必須量をほぼ半分はカバーできます。さらに食事についても、栄養素やカロリーを細かく考えて食事をしていると、そのことばかりが気になって美味しく味わっていられません。そこで、野菜や果物の色で工夫するレインボー食！　これなら献立を考える際に、色を意識するだけでＯＫ。「今日は白と黒をまだ食べてないから、夕食には冷や奴に黒ゴマを振りかけて」くらいのアバウトな感覚でいいんです。おやつだってカラダに優しいものなら我慢する必要なし。ストレスを溜めないように、ジャンクフードとも上手につき合いながら、美とカラダに美味しい食生活を楽しみましょう。

Eat the Colors of the Rainbow

いつも心に「レインボーフード」。

きれいにやせるためには、7色の食材を意識して摂りましょう。

1日に必要な野菜は３５０ｇ、果物は２００ｇ。そして意識したいのは、酵素、ビタミン、ミネラルです。このことが頭にあるだけでも、ダイエット、そして美を育むうえで大きな差が出ます。といって、数字にガチガチにとらわれるのもストレスの元。五感でしっかり食事を楽しむためには、いつも心に「レインボーフード」があればいいんです。

大まかにいえば、自然が育む野菜や果物の色は、それぞれ異なる栄養素や作用を表しています。とはいえ厳密に栄養素を計算し、それぞれ何グラム……なんて考えると面倒になるばかり。そこで、ひと目でパッとわかる色を基準に、1日7色の野菜と果物などを食べる。そのほうがずっとお手軽です！

まず朝のはじまりは、酵素を摂るためにも野菜&フルーツジュースがおすすめ。すると朝食で3色程度はすぐクリア。赤・緑・黄色をクリアしたなら、昼夜で残り4色。「白・黒・オレンジ・紫を食べよ！」そんな感覚で行きましょう。手の込んだ料理でなくても、冷や奴＋黒ゴマ（白&黒）、にんじんのサラダ（オレンジ）、なすの漬け物（紫）で、もうクリア！

レインボーカラーを意識しておけば、外食や、お総菜を買って帰る〝手抜きの日〟にもお役立ち。とっても便利です。

さらに食のバランスを整えるデトックス食材として豆類、発酵食品、魚介類、こんにゃく、納豆をはじめとするネバネバ食品を、毎日のレインボーごはんにプラスすれば、ダイエットだけでなく美肌効果もカンペキです！

それでも7色考えるのは面倒、というちょいノリさんは、1日最低3色（赤・青・黄）のシグナル食でもOK。色を意識するだけでも、これまでの食の偏りがわかってくるはず。また足りない色をお総菜デリなどで補うだけでも、意外と簡単に7色クリアできますよ。シグナル食に慣れたら、1色ずつ増やしていきましょう。

がちモードは、毎日自炊食を目標に、最低2週間は必ずレインボーフードを摂ることを心がけましょう。

レインボーフード見本帳

黒（茶）／食物繊維、カルシウムなど
ゴボウ、アーモンド、じゃがいも、しいたけ、海藻類、黒ゴマ

赤／抗酸化作用など
赤パプリカ、すいか、リンゴ、トマト、いちご、さくらんぼ、ラディッシュ、赤唐辛子

黄／ビタミンCなど
グレープフルーツ、バナナ、レモン、とうもろこし、マンゴー

緑（青）／ミネラル、ビタミンCなど
ブロッコリー、ほうれん草、小松菜、さやいんげん、ズッキーニ、キュウリ、アスパラガス、青ネギ、絹さや、パセリ、青シソ、春菊

白／カリウムなど
白菜、大根、かぶ、カリフラワー、玉葱、ホワイトアスパラガス、マッシュルーム、白ゴマ、バナナ、梨

紫／ポリフェノール、アントシアニンなど
茄子、ブドウ、イチジク、レーズン、プルーン、ブルーベリー、さつまいも、紫芋

橙／ビタミンC、カロチンなど
みかん、オレンジ、パパイヤ、かぼちゃ、にんじん、あんず、柿

がちモード　食事の基本はレインボーフード

ガチの人は、2週間の基本はレインボーフード中心に、お家ごはんが理想です。といってもそんなに難しく考える必要なし。朝は野菜＆フルーツのジュース。トマト、バジル＆オリーブオイルなど、食材2～3品を合わせた簡単ソースを常備すれば7色クリアは簡単！

ちょいノリ　1日3色を心がけましょう

いきなりレインボーでなくても、赤・青・黄のシグナルカラーだけでOK。まずは1日3色を心がけましょう。デリのお総菜も色を意識して選ぶこと。市販のスープにネギ、キャベツ、ゴマなど1～2種の食材をプラスするだけで超お手軽にシグナル食をクリアできますよ。

やせる習慣を覚えましょう。

てっぱんダイエット、基本の食べ方。

シルク流、てっぱんダイエットは「食の見直し」から。
カロリーを気にする必要はありません。
美肌と美ボディを手に入れるには、いつ、何を、どうやって食べるかが大切。
まずは２週間、この基本ルールを守りましょう。

がちモード　基本の食事

朝　野菜&フルーツジュース

- **毎朝同じジュースを飲むより、レインボーフードを念頭にいろんな食材を使いましょう。**
- **昼ごはんまで間食はなし。ぐーっとお腹が減る感覚を味わって。**

昼　和定食

- **レインボーフードを基本にいろんな食材をバランスよく摂りましょう。**
  たとえば焼き魚、味噌汁、野菜サラダや和え物、玄米ごはんにゴマをぱらり。
- **麺類や丼は避けて。**
  どうしても食べたいときは、副菜を１品プラスするなど色数を意識しましょう。

おやつ（15時～16時）　ナッツやドライフルーツなど

- **どうしても甘いものが食べたくなったときはフロマージュブラン（P37で紹介）などローカロリーでカラダに優しいものを選んで。**
- **白砂糖×油のスイーツ類はNGです。**

夜（20時まで）　基本はレインボーフード

- **主食のご飯は、100ｇ入る小さなお茶碗（左ページで紹介）を使う。**
- **それ以外の、主菜皿、副菜皿、小鉢、汁椀も１／２サイズのものを使用。**
- **主菜は魚や肉、タンパク質、副菜は旬の野菜などレインボー食材をふんだんに味わいましょう。**
- **発酵食品や大豆食品を加えることも忘れずに。**

夜食　基本的にNG

- **20時以降でも飲み物はOKです。**
  カフェインは活性酸素の元になりやすいので、カフェインレスのものを選んで。ハーブティーやしょうが茶がおすすめです。

ちょいノリ　基本の食事

朝　野菜&フルーツジュース

- **朝食はフレッシュなジュースで酵素をたっぷり。**
- **昼まで我慢できなければ、小さめの玄米おにぎり１～２個。**
- **飲み物は自由に。カフェイン入りでもOK。**
  私はしょうが紅茶やだったんそば茶など、夏でも温かいお茶を飲んでいます。

昼　定食

- **ご飯、主菜、おひたしなどの副菜、汁物を基本に。**
  定食は和定食が理想ですが、洋定食でもOK。麺やどんぶりものなど１品だけでなく、野菜系の副食のつく定食スタイルのものを選んで。
- **コンビニのおにぎりなら、サラダやスープなどサイドメニューをプラスしましょう。**

おやつ（15時～16時）　我慢せず、好きなものを食べてOK

- **ただし、白砂糖×油を使ったスイーツはできるだけ控えて。**
- **週に１回はナッツやドライフルーツも試してみましょう。**

夜　食べ方を工夫してバランスよく

- **主食のご飯は、週に１度は100ｇ入る小さなお茶碗（左ページで紹介）を使う。**
- **それ以外は自由に好きなものを食べてもOK。**
- **できるだけ20時までに食事を済ませます。**

夜食　お腹がすいて眠れない日はOK

- **タンパク質系を中心に。糖類、炭水化物はなるべく控えましょう。**
  私は豆乳雑炊や、そば味噌スープ（P42で紹介）を食べています。

やせる食べ方

我慢しないで食べ過ぎを防ぐ

食べ過ぎを防ぐには、惰性で食べず智恵で食べましょう。ちょっとした「食べ方」の工夫を知っていれば、食べる量を減らしても満足感を得ることができるのです。

小さなお茶碗で目をだます。

私が愛用しているのは、ごはんが100g入る、通常の器の1／2サイズの小さなお茶碗。これなら見た目的に少ないとは感じられず、ストレスもないのです。今までごはんをしっかり食べていた人は、まずは週1日だけ小さなお茶碗に変えてみてください。食べる量も習慣的なもので、慣れてくると案外苦にならなくなります。

食べる順番を変えるだけ。

ダイエットでは、食べる順番が大事です。肉などタンパク質は消化に時間がかかり、血糖値をあまり上げないので満腹感が得にくい。だから口にするのはまず汁物、野菜、が原則。汁物で体を温め、水分で満足感もアップ→次に野菜で食物繊維を胃に入れる→肉・魚などのタンパク質→最後はごはん、麺。良く噛んで満腹中枢を満足させます。

食べ過ぎたらお助けサプリ。

外食で仲間と遅くまで盛り上がり、調子にのって食べ過ぎちゃったというときのレスキューサプリが『夜遅いごはんでもDIET』。カロリーカットや脂肪分を流す薬などもあるようですが、健康体であれば薬品は避けるのが賢明。だから私は活きている酵素サプリを活用します。酵素をたくさん補うことによって消化を早め、代謝を助けるんです。

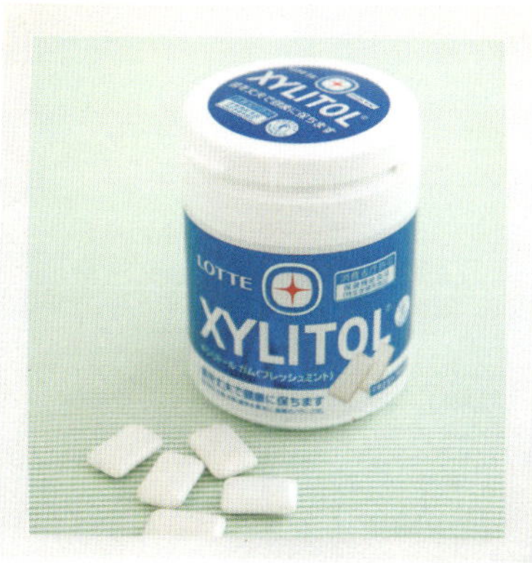

「食前にガム」の大きな効用。

食前にガムを噛むことによって唾液の分泌が促され、満腹中枢を刺激。血糖値も緩やかに上がるため満腹感が早く、今まで食べていた量を多く感じるようになります。食事の前に右の歯で5～10回噛みツバをごくんと飲む。次に左の歯で5～10回噛むを5分間繰り返します。また噛むことでアゴの筋肉が鍛えられ、二重あご防止にも。

1 内側のラインが100gの目安。通常の1/2サイズのごはん茶碗、主菜皿、副菜皿、小鉢、汁椀がセットになった「おやゆび姫」￥3,675（ARU ☎052-789-7977 http://www.oyayubihime.com）

2「夜22時以降に食事をしたときは、このサプリを活用して素早くリカバーしています」。36ｇ（240㎎×5粒）×30包 ￥2,980（ジョージオリバー ☎03-3505-7853

セブン!

覚えておきたいいいこと7

やせるも太るも食べ物次第。
賢い食作法でカラダは変わります。

ダイエット検定1級、野菜ソムリエの資格も取得。きれいにやせるために、私が学んだ食の基本をご紹介します。頭の片隅にちょっとあるだけで大違い。覚えておくと、あなたのダイエットの強い味方になってくれます。

1 タンパク質は、動物性と植物性1:1の割合が正解!

タンパク質は必須栄養素ですが、動物性タンパクばかりというのは考えもの。たとえば2食を肉にするところ、1食を大豆食品に変えるだけでダイエット＆美容効果がぐんとアップ！煮物のほか、納豆、豆腐、豆乳など、日本が誇る大豆食品で、代謝や免疫力を高める良質な植物性タンパクを摂りましょう。

2 お肉は網焼きで。脂質を約20%カット!

カルビやバラ肉など、脂身の多い部位はフライパンより断然、網焼きがおすすめ。脂質を18～22%もカットできるんです。このほか、ステーキはグリルパン、チキンはオーブントースターで調理すると、脂質をカットできます。

部位別・脂質チャート（脂質：少ない▶多い）

レバー▶ヒレ▶ムネ▶モモ▶ロース▶サーロイン▶バラ

調理別・脂質チャート（脂質：少ない▶多い）

網焼き▶茹でる▶ソテー▶唐揚げ▶天ぷら▶フライ

3 脂肪を燃やすにはビタミンB群を補強して。

糖質の代謝が停滞すると、エネルギーに変換できなかった栄養が体脂肪になります。そこで代謝に欠かせないのがビタミンB群。B^{1}、B^{2}、B^{6}、B^{12}ほかカルニチンは、糖質や脂肪代謝に必須。このほかナイアシン、パントテン酸、ビオチン、葉酸などは、老化防止作用もあるため“美ダイエット”には欠かせません。B群が豊富な食物を意識し、おいしい食事で脂肪燃焼と美を促進！

美ダイエットに欠かせない食材

B^{1}（糖質代謝に）
豚肉、ウナギ、枝豆、鮭、ぬかづけ

B^{2}（脂質代謝に）
レバー、卵黄、納豆、カツオ

B^{6}（タンパク質を筋肉へ）
肉、アジ、マグロ、ししとう、にんにく、アボカド、バナナ

B^{12}（お酒を飲む人は必須）
シジミ、サンマ、マグロ、レバー、蠣

カルニチン（脂肪燃焼）
ラム、牛肉赤身、マグロ・カツオの赤身

ナイアシン（二日酔いに◎）
鶏ささみ、キノコ類、パスタ、そば、カツオ

パントテン酸（ストレス多い人、コーヒー・お酒愛好家）
たらこ、鶏ささみ、レバー、納豆、卵黄

ビオチン（抜け毛、白髪対策）
くるみ、大豆、ヨーグルト、レバー、卵黄

葉酸（造血に不可欠。口内炎にも◎）
小松菜、ほうれん草、ブロッコリー、いちご、アボカド

4 脂肪を落とす脂質「オメガ3」は青魚から。

脂肪でありながら、脂肪をやっつけるヒーロー的存在なのが、DHA、EPAなどのオメガ3（n-3系不飽和脂肪酸）。旬のサンマやアジ、ブリ、イワシ、カツオ、マグロ、カンパチなど、脂ののったおいしい青魚で脂肪を落とせるんです。

5 カロリーを気にするより栄養バランスPFCが大事!

肉、魚、大豆などのタンパク質（Protein）、動物性脂肪、植物性脂肪からなる脂質（Fat）、ごはん、パン類などの炭水化物、芋類、砂糖などからとれる炭水化物（Carbohydrate）。1日の食事においては、このPFCが20：20～30：50～70が基本バランス。PFCにビタミン、ミネラル、食物繊維をプラスした6大栄養素がチームプレーで働き、基礎代謝が健全に行われるのです。美しくやせるダイエットでは、カロリーよりも、総合的な食べ方を意識しましょう。

6 酸化した脂質はNG! 揚げ物ランチはせめて週1で。

動物性脂質の肉×揚げ物の組み合わせは、ダイエットの大敵。酸化した油に含まれるトランス脂肪酸は、いわばプラスティック化された油。代謝されにくく、悪玉コレステロールが増える原因ともいわれ、できる限り避けるのがベスト。でも、ランチの定食などでは人気が高い組み合わせですよね。揚げ物ランチはせめて週1に留め、OLさんなど社食や外食派は、できる限り焼き魚定食系の〈主食＋副菜＋汁物〉がセットになった定食を。

7 毎日使うオイルはオリーブオイルを定番に。

オリーブオイルに含まれるオレイン酸には、ダイエット＆美容効果絶大の美点がいっぱい！ だから私の毎日の料理には、オリーブオイルが欠かせません。とはいえやはり脂質ですから、摂りすぎにはご注意を。

オリーブオイルの美点
悪玉コレステロールを減らす
腸を刺激し、便通がよくなる
スクワレンが肝機能をアップ
インスリン効果（脂肪分解、血糖抑制など）をアップ

Column

マゴはやさしいわネ

ミネラル、ビタミン、酵素が豊富で、免疫力を活性化させデトックス効果も絶大。カラダの中からキレイにしてくれるのが「マゴはやさしいわネ」食材。ま→豆、ご→ゴマ、は→発酵食品、や→野菜、さ→魚（魚介類）、し→椎茸類、い→芋類、わ→ワカメ（海藻類）、ね→ネバネバ系（オクラやメカブなど）。
1日のレインボー食に最低2品加えれば、理想的な食生活です。ダイエットにも美容にも、この魔法の言葉を覚えておいてくださいね。

空腹感を忘れていませんか？

簡単ジュース断食で カラダの掃除をしてみましょう。

ちょいノリ **プチ断食コース**

ちょいノリさんも、2週間の間にせめて1度は、半日ジュース断食にトライしましょう！　前日の夜ごはんから12時間あけて朝・昼を野菜＆フルーツジュースにし、夜は胃に優しい復食で。これならさほど辛くないはず。ただし、水はこまめに補給してください。翌日から通常食でOKですが、カラダに小さな変化を感じられるかも。

前日の夜ごはん
↓ 12時間あける
朝 ジュース
↓
昼 ジュース
↓
夜 うどん・雑炊など軽いもの（復食）

がちモード **週末断食コース**

がちモードのジュース断食では、朝・昼・夜、翌朝までの4食を野菜＆フルーツジュースにします。ジュースは、レインボーカラーを考えた野菜＆フルーツならどんな構成でもOK。アボカド入りのジュースなどは、濃厚なスープみたいで満足感大です。断食中は、水の補給を忘れず、1日にコップ10杯程度（1.5リットル程度）は必ず飲みましょう。

金曜 夜 すりおろし野菜
大根、にんじん、しょうがのすりおろしに、オリーブオイル、酢、酒、醤油のドレッシングをかける
↓
土曜 朝 ジュース
↓
昼 ジュース
↓
夜 ジュース
↓
日曜 朝 ジュース
↓
昼 雑炊、うどんなど軽いもの（復食）
↓
夜 肉は避け、和中心の定食
※じっとしているよりウォーキングなど軽い運動をする方がベター。筋トレはNG。

私が朝の「野菜＆フルーツジュース」を提唱するのには、大きな理由があるんです。まず第一に酵素。人の体には酵素を作る能力が備わっていて、その酵素は2タイプに分かれます。食物を消化・吸収するための「消化酵素」と、ブドウ糖や脂肪をエネルギーに変える「代謝酵素」。「代謝酵素」は細胞の新陳代謝をはじめ、老廃物のデトックス、免疫活性化、ホルモンバランス調整など体を健康に保つための重要な役割も果たします。ただし「代謝酵素」は、年齢とともに減少します。さらに食べ過ぎで「消化酵素」が大量に必要になれば、その分「代謝酵素」の生産量が減少。これが加齢によって太りやすく、やせにくくなる大きな要因です。だから本来は食べ過ぎる人ほど酵素が必要なのに、食べ続けてるといくら酵素を補充してもいっこうに代謝に回らない、という悪循環に。そこで休日ジュース断食のすすめ！

酵素が足りない人は、半日〜1日半は胃腸を休め、集中的に酵素を摂ると効果てきめん。普段から朝ジュースは、前日の夜から約12時間、胃を休めてから飲むのが理想的です。また、よく食べる人ほど空腹感を忘れがちですが、お腹がグ〜ッと鳴るのは胃の準備が整ったサイン。本来は、ここで食べるのがベストなのです。ジュース断食をすると、胃が空っぽになり内臓も元気に。しかも腸の毒素を排除するデトックス効果で、お肌も元気に。この感覚を1度体験すると、これまでいかに食べ過ぎていたかがよくわかります。

セブン!

朝ジュースのいいこと 7

1 ダイエット効果を高め、スリムに!

生の野菜や果物には、酵素が豊富に含まれ、朝一番にもってこい。内臓を1日きちんと働かせるためには、朝から消化に時間がかかり、胃腸の負担となる食べ物はNG。消化を助け、代謝をあげる野菜&果物の酵素を、消化のよいジュースで摂るのがベストです。

2 太りにくい体質になり、リバウンドなし!

朝ジュースの消化酵素が働いて、必要な栄養素が体中に十分に行き渡ると、空腹を感じにくくなる作用も。過食を防ぎ、代謝が上がるので、やせやすい体質になります。

3 腸内浄化で便秘解消!

私は午前4時から正午までを排泄の時間と考え、酵素は消化より脂肪の分解やデトックスに回したい。その意味でも朝のジュースは理想的。老廃物の排出を促し、新陳代謝を促進するため、疲労物質がたまりにくい体に。

4 お肌が若返る!

若々しい肌のためにも、野菜やフルーツの酵素は不可欠。新陳代謝が活発になるため、美肌効果も◎。

5 前向きに活動したくなる!

酵素は脳の活動にも使われます。十分な代謝酵素が脳や体の隅々にエネルギーを届けてくれるので、頭がスッキリして気力も充実。自然と前向きに活動できるようになります。

6 旬を感じ、知識がアップ!

四季それぞれの旬のフルーツや野菜を朝ジュースに取り入れることで季節感が味わえ、さらに野菜や果物の知識も豊かに。

7 自分の体調がわかってくる!

体調がよくなって五感も磨かれるため、本来の自分のカラダの声が聴きやすくなります。

「夏は青しそ、モロヘイヤ、冬は小松菜、水菜など朝ジュース用の葉野菜を常備してます」

「パイナップル、メロン、アボカド、バナナ以外は皮ごと使います」

「夏でもジュースに使うお水は常温で」

レインボー美ジュースレシピ

美ボディ＆美肌、美内臓のために欠かせない、シルク流パワー・ジュース。レインボー食材ごとのレシピになっています。最近この色が足りないなと思ったら、試してみてください。

（材料は一人分です）

橙

免疫力UP、元気をチャージ。

トマト1個、オレンジ1/4個、にんじん1/4個、レモン汁少々

オレンジは皮をむいて種を取り、にんじんとトマトはへたを取り、一口大に切る。すべてをミキサーにかける。

白

イソフラボンで、美肌を呼ぶ。

おから大2、バナナ1本、豆乳100cc、アガベシロップ（または、はちみつ）大1

バナナは皮をむき、ひと口大に切る。すべてをミキサーにかける。

緑

デトックス効果バツグン。

春菊150g、ゆず1個、リンゴ1個、アガベシロップ（または、はちみつ）大1

春菊は半分、リンゴは芯を取り一口大に切り、ゆずは半月切りにする。すべてをミキサーにかける。

紫

ポリフェノールで若返り。

デラウエア2房、ブルーベリー1カップ

すべてをミキサーにかける。

茶

睡眠不足のお助けジュース。

にんじん1本、セロリ茎1本、青シソ10枚、水100cc

にんじんはへたを切り落とし、一口大に切る。すべてをミキサーにかける。

赤

むくみを改善、すっきりボディ。

トマト1個、いちご5個、水50cc、アガベシロップ（または、はちみつ）大1

いちごとトマトはへたを取り、一口大に切る。すべてをミキサーにかける。

黄

老化を防止、さびないカラダに。

レモン1/2個、リンゴ1/2個、ブロッコリースプラウト1パック、水100cc

リンゴは芯を取り、レモンは皮をむいて種を取り、一口大に切る。すべてをミキサーにかける。

Healthy Snacks for the Body.

カラダに優しいおやつ考。

大人のダイエットは我慢しないこと、罪悪感のないスイーツを見つけましょう。

たとえダイエット中でもおやつを我慢する必要はない、というのが私の考え方です。人は我慢を強いられると、必ず反動がきます。気持ちがどこかで決壊すれば、カラダの声を無視してガーッと食べてしまう。だからストレスを感じるくらいなら、おやつも食べていいんです。ただ、内臓への負担や美容を考えると、白砂糖たっぷりの〝白くてふわふわ〟系スイーツよりは、ドライフルーツやナッツ、オリーブオイルで揚げた野菜チップスがおすすめです。ナッツ系はビタミン豊富なうえ、よく噛むことによって唾液の分泌を促し、若返りに効果がある唾液成分パロチンも促進されます。また、おやつもグーッとお腹が鳴ったときに。特にスイーツはインスリン分泌が活発になる15時～16時に食べるのが理想。習慣的に口にするより、心からしっかり味わうと満足感も高いのです。

　夕食後のデザートについては、1つ注意点があります。朝はカラダを大いに助けてくれるフルーツですが、夜の果物は基本的にNG。果糖はすぐエネルギーに変わるのが美点なのですが、夜はエネルギーを蓄える時間なので脂肪に回りやすい。食べてOKなのは、肉料理の後のパイナップルぐらい。消化酵素が多く、消化しにくい肉の分解を助けてくれます。実は食後のデザートにおすすめなのが、高級アイスクリーム。なぜあえて〝高級〟かというと、上質なものほど、合成甘味料を使用していないから。週2程度であれば、ダイエット中でもOKです。

　さらに、満足度が高くカラダにも優しいおやつを、自分で作るのもおすすめです。私が最近気に入っているのは、「玄米クリーム」。簡単にいえば、玄米のおかゆですが、メープルシロップをかけるとデザートにぴったり！　美容にも良くて満足度も高い、まさに大人のおやつです。たとえば食事を野菜&フルーツジュースとレインボー食に変えると、これまでより胃腸の消化吸収が良くなり、最初のうちは夜遅くにお腹がすく場合も。そんなときにも、大人のおやつならOK。夜食にも重宝しますよ。

賢いおやつの食べ方ルール

食後のデザートには
高級アイスクリーム。

アイスクリームは、緩やかに血糖値が上がるのが美点。高級なものほど、安定剤・乳化剤・砂糖以外の合成剤不使用なので◎。
どうしても夜に甘いものが食べたくなったら、アイス&野菜のベジ・アイスを試してみて。

お腹が鳴ったら我慢せずに
おやつタイム。

食べるときは空腹感を感じてから食べるのが○。逆に言えば、空腹を感じたら食べるのを我慢しないことも大事。夜寝られないほどストレスになるなら、夜食も食べたほうがいいのです。ただし、間食も“ながら食べ”ではなく、五感でしっかり味わって。よく噛むことで満腹感を得やすく、食べ方に少し意識を向けるだけで、無用なストレスや食べ過ぎを防げます。

3時のおやつなら
スイーツだってOK!

糖質を分解するインスリンはすい臓から分泌されます。すい臓は15時～16時が活動のピークといわれ、この時間帯ならスイーツもOK。“3時のおやつ”は、本当に理にかなっているのです！
とはいえ、ダイエットにはやはり上質な甘味が◎。ドライフルーツ、ビターチョコ、ナッツ、ナタデココ、甘栗、アイスクリームなどがベターです。

「お砂糖はGI値が高いと言われていますが、ブルーアガベシロップはG1値が21と、リンゴより低いんです」有機ブルーアガベシロップ(275g)￥1,260、有機アガベシロップゴールド(330g)￥980(イデアプロモーション ☎03-3402-5940 http://agave-jp.com)
⇒ブルーアガベシロップを使用したジュースレシピをP34－35で紹介しています。

間食は簡単手作りで
大人の“美肌おやつ”を!

玄米をゆるゆるのおかゆに炊き上げ、裏ごししてミキサーにかけたものが「玄米クリーム」。実は市販のレトルト食品があるんです。手作りが面倒なら、これを利用するのも手。甘酒には米と麹で作るものと、酒かすに砂糖を加えたものがありますが、私がおすすめするのは前者。自然の甘味がほどよく、発酵食品のパワーたっぷり。美肌にもすぐれものです。

「常備しておくと、おやつにもジュースにもさっと使えて便利なんです」国内産の有機玄米を使用した、玄米クリームと玄米甘酒。使いやすいパウチタイプ。有機絹ごし玄米クリーム200g￥294、玄米甘酒250g￥336(オーサワジャパン☎03-6701-5900)
⇒玄米クリームと甘酒のおやつレシピは43ページで紹介しています。

Silky Tips

生クリーム系好きには
フロマージュブランをどうぞ。

生クリーム系が食べたいときは、牛乳に近いチーズ「フロマージュブラン」がおすすめ。私はこれに無糖ヨーグルトと市販のフルーツソースをプラスして、生クリームよりおいしくヘルシーなデザートを楽しんでいます。ブルーベリーなどのフルーツを加えたり、ナッツを散らせば、おいしいパフェの出来上がり。

Junk Food Is Okay.

ジャンクフードと仲良く。

ただ習慣になっているだけなのに、好物だと思い込んでいませんか?

私はストレス解消のために、月に1度くらい、ジャンクフード食べ放題の日を設けているのですが、ジャンクフードはある意味〝サプライズ食品〟。普段、自然が育むカラダにいい食物をバランスよく食べていれば、たまにカラダがびっくりする食べ物で、脳を活性化させるのもダイエットに効果ありだとか。そんな風にストレス対策に活用するのは別として、たとえば今のあなたがジャンクフードが大好きで毎日食べる習慣になっているなら、余分な脂肪と糖分で内臓に負担をかけている恐れは十分!

ポテトチップスやお砂糖たっぷりのお菓子、そしてハンバーガー、牛丼、フライドチキンなどなど、ジャンク&ファストフード中心の食生活では、消化するために相当な時間とエネルギーがかかり、朝まで疲れが残ったり、体が重く感じられたり。体は「もうやめて……」と叫んでいるのに、好きだと思い込んで、あるいはただ習慣的に惰性で口にしている状態かもしれません。

またジャンク&ファストフードは、トランス脂肪酸×砂糖という常食すると体に悪影響を及ぼす、恐るべきカップリングを過剰に摂ることになり、さらに栄養の偏りという問題も起こります。そのうえお酒も毎日ガンガン……なんて食生活では、肥満より、もう健康そのものが心配。お酒は適度に、楽しくたしなむ程度ならOKですし、たとえばワインのポリフェノールには末端の血管を強化する作用もあるので、毎日1~3杯程度なら逆に美を育む効果も。

ダイエットを続けるうえで、カラダ本来の気持ちいい状態を知るには、やはり1度はジャンク断ちするのがベストです。ジャンクフード好きのちょいノリさんはまず週に1日だけやめてみるなど、少しずつでいいので控えていきましょう。がちモードは、せめて2週間は控えましょう。3日ほどジャンク断ちしてみて、悲鳴をあげていた内臓やお肌の変化に注目してみてください。カラダが本当に気持ちいい状態が分かってくると、「今までひどいことしてゴメン」とカラダに謝りたくなりますよ。

ファストフードは、サイドメニューで底上げ。

プラス1品のおすすめプチメニュー	
ハンバーガー	＋野菜スティック
牛丼	＋納豆、煮豆
カップめん	＋海藻サラダ、おひたし

どうしてもファストフードが食べたいとき、時間がなくてファストフードに頼らざるを得ないとき。プラス1品のサイドメニューで栄養バランスをとりましょう。たとえば、コンビニ弁当や牛丼にはほうれん草のおひたしや海藻サラダなど、ミネラル豊富な副菜を1品プラスして乗り切りましょう。納豆や漬物などの発酵食品をプラスするのもいいですね。

がちモード ジャンクフードとさようなら

最初の2週間はジャンクフードNG。内臓に負担をかけない食生活を身につけることで、カラダの変化や気持ち良さをまず知ってほしいから。単に習慣化していた人なら1度やめてみると、意外とあっさり食べなくても平気になるかも。そして小腹がすいたら我慢せず、カラダに優しい“大人のおやつ”をどうぞ。それでもどうしてもジャンクフードをというなら、週に1度だけならOK。食べた日と食べない日の微妙な体調の違いをチェックしてみてください。半年、1年とダイエットを続けていくうえでは、月に1度の“ジャンク祭り”を設定するのもアリです。

ちょいノリ 週に1度だけ我慢してみる

ジャンクフードを毎日欠かさず食べていた人は、まず週に1日抜いてみましょう。次の週はさらにもう1日プラスして週2日に。こうして食べない日を毎週1日ずつ増やし、最終的に週3日以内なら食べてもOK。このタイプは食べることと同じくらい我慢もカラダに悪いので、何ごとも“適度”がキーワード。“大人のおやつ”や高級和菓子も大いに活用してください。夜食もOKですが、タンパク質を中心に。炭水化物と脂質はNG。そのうち「あれ？　ジャンクフードを食べない日のほうが調子がいいかも」となれば大成功。カラダ本来の声が聞こえてくる日も近い！

時には、お助けサプリ。

旬の食材がいちばん。でも、年とともに減っていくものは
サプリメントで補給しています。

カラダにいいものを食事でとるというのが、私の基本。だからサプリは、年齢とともに確実に体内から減っていくものを補う意味で活用しています。年を重ねるにつれ、酵素やコラーゲンなどの生成が若い頃に比べてぐっと低下していくため、細胞の再生や基礎代謝に必要な栄養素を毎日の食事でしっかり補給しなければ老化が加速するばかり。さらに人間の生命活動に必須といわれ、体内酸化を防ぐコエンザイムＱ10、コラーゲンなどは、年々減っていく量を考えると、サプリで補うことも必要だと思います。とはいえ、あくまでも補助アイテムですから、摂取量は自分に合う量を考え、適量を摂っています。サプリもムリはしないというのが私の姿勢です。

ハリ&ツヤUP
美容にうれしい

Silica

シリカ

「シリカはあまり知られていないけれど、実は必須のミネラル。肌のハリとツヤ、若々しさを保つために欠かせません。髪や歯にもいいらしいですよ」

シリカを豊富に含むスギナ(植物)を、アルコールではなく水で抽出した植物ミネラルのサプリ。ベジ・シリカ　90カプセル¥6,300(フローラ・ハウス ☎0120-775-669 http://wwwflorahouse.co.jp)

カルシウムを
毎日手軽に

Calcium

カルシウム

「カルシウム不足かなと思ったら、朝のジュースに入れたり、ごはんといっしょに炊いたりしています。ロケ弁当が続いたり、外食が多いときのお助けサプリ」

野菜のパワーを利用して作られたカルシウム。水溶性でさっと溶けるので、ご飯を炊くときやお味噌汁、麦茶にも。野菜カルシウム110g ¥3,150（アイケイ　☎0120-55-2820 http://www.ai-kei.co.jp）

オメガ3脂肪酸で
脂肪を撃退!

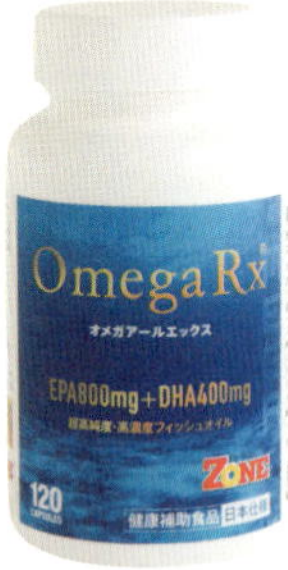

Omega 3

オメガ３

「サーモン、イワシ、サバなどに含まれるオメガ3が手軽に取れるフィッシュオイル。美肌に欠かせない油で、中性脂肪が気になる人にもおすすめ」

不老サプリともいわれるオメガ3。汚染のない海で摂れた魚を材料にした高純度のフィッシュオイル。OmegaRx 120粒¥10,290（ドクターシアーズ・ゾーン ☎03-6272-9123 http://www.zonediet.jp）

肌調子が悪く、
疲れを感じたら!

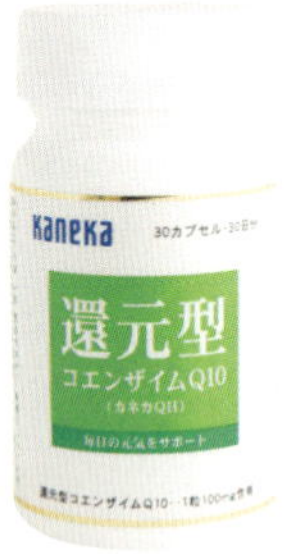

Coenzyme Q10

コエンザイム Q10

「なんとなく疲れたな、というときはコエンザイムQ10を補っています。還元型だから、パワーが実感できます。80才近い母は、毎日飲んでいて超元気」

加齢やストレスで不足するコエンザイムQ10を補給するサプリ。もともと体内にある成分とおなじ、還元型。30カプセル¥3,800（ユアヘルスケア ☎0120-438-910 http://www.kaneka-YHC.co.jp）

美ごはんDIARY

私がふだん自宅で食べている、晩ごはんのメニューをご紹介します。
凝った素材や複雑なレシピは一切なし。旬の食材を使って、レインボーフードを意識するだけ。
常備菜や保存食を上手に使って、パパッと作っています。

1 この日のメインは鶏ささみと茄子、ピーマンをオリーブオイルで炒めたもの。ブロッコリーの簡単スープ、カッテージチーズとトマトのサラダ。ごはんは十穀米です。

2 マグロのお刺身を使って、パスタを作りました。オクラと、明太子を少し。麺つゆとみりんで味付けしています。

3 いちばん出番の多い肉類が、鶏のささみ。きゅうり、トマト、パプリカ、青しそ、たっぷりのレタスといっしょに。味付けはアボカドオイルとレモン汁だけであっさり。

4 茹でたアスパラにパルメザンチーズ、しらたきとピーマンはカレー味に。茄子とさやえんどうの煮物はたっぷり作って常備菜にしておけば、あと1品というときに便利。

5 メインはひらめのムニエル。キャベツと玉葱を炒めた上にのせ、味付けはポン酢で。ひじき豆もうちの定番の常備菜です。ワカメご飯にじゃこをプラスして、カルシウム不足におすすめのメニュー。

6 ロケで日焼けをした日の、トマト祭りのメニュー。トマト&モッツァレラチーズはアボカドオイルとすだちを添えて。春雨のサラダ麺にもトマトをたっぷり。

7 アボカドとマルカポーネチーズのパスタ。ワサビを効かせてあっさりと。タコの酢の物、ひじき豆をプラス。

8 簡単エビチリ。かぼちゃの煮物にもずくスープ、ご飯には山形の「ダシ」をかけました。

9 マグロと納豆、ぬか漬けの丼。納豆やぬか漬け、キムチなどの発酵食も欠かさず食卓にのせます。ブロッコリーはアンチョビとにんにく炒めに。

MINI RECIPE

マグロのカルパッチョ

アスパラと茄子は電子レンジで加熱、パプリカといっしょにマグロのお刺身にのせます。味つけはアボカドオイル、レモン汁にワサビと塩、胡椒。少しお醤油を加えてもおいしいです。

エビとブロッコリーのパスタ

背ワタを取ったエビをオリーブオイルで炒め、豆乳ベースにほんの少し生クリームを加えてます。味つけはコンソメキューブと塩、胡椒で。クリームソースのパスタもこれならヘルシー。

カラダにやさしい大人のおやつ

高い栄養価を誇る甘酒、ビタミン＆ミネラル豊富な玄米、美肌に欠かせないアーモンドなどカラダが喜ぶ食材でさっと作る簡単おやつをご紹介します。手作りおやつのレパートリーがいろいろあれば、ダイエットがぐっと楽しくなります。（材料は１人分です）

もちもちの歯ごたえ、
やさしい甘さがおいしい。

もちあわプディング

材料：もちあわ 1/4カップ、米 1カップ、炒りアーモンド（無塩）大1、レーズン 大1、リンゴジュース 1/2カップ、塩少々

作り方：もちあわご飯を炊いておく。炒りアーモンドとレーズンを細かく刻み、リンゴジュースともちあわご飯に混ぜ、弱火で20分煮込む。仕上げに塩（あれば、キパワーソルトか岩塩）をひとつまみ加える。粗熱が取れたら冷蔵庫で冷やす。

「リンゴジュースの、ほのかな甘みがいいんです。ビタミンとミネラル、食物繊維が豊富に摂れるアーモンド＆ドライフルーツ、もちあわの組み合わせ。腹持ちのいい、おいしいおやつです」

材料：そば粉 大2、味噌 小1、納豆 1/2パック、湯200ml

作り方：そば粉を少量の湯で溶かしよく混ぜる。蕎麦がき風になったら、そこに納豆と味噌、残りの湯を加えて混ぜる。

「満足感があって消化にいいから、夜食にもおすすめ。そば粉のルチン、味噌のアミノ酸、納豆のナットウキナーゼでアンチエイジング効果もばっちり。究極のバランス食です」

そば味噌スープ

どうしても
食べたいときに
胃にも肌にも
やさしい夜食。

甘酒シャーベット

材料：甘酒（濃縮タイプ）100ml、パイナップル（カットフルーツ）100 g、氷 少々

作り方：パイナップルを細かく切って、甘酒と少量の氷とともにミキサーで撹拌する。型に流して冷凍室で冷やす。甘酒はアルコールの含まれない、麹からできたものを選んで。スイカやメロン、マンゴーなどもおすすめ。

「美容効果が高く、飲む点滴と言われるほど高い栄養価を持った甘酒を常備して、おやつ作りや朝ジュースに活用しています。国内産の有機玄米から作られる甘酒（P37で紹介）を愛用」

究極の栄養ドリンク甘酒で
美パワーアップ。

好きな野菜をいろいろプラス
酵素たっぷりアイス。

ベジ・アイス

材料：市販のアイスクリーム（バニラ）1/2カップ、オクラ 3本、ミョウガ 1束

作り方：オクラはへたをとり、さっと茹でて小口切りにする。ミョウガは千切りにする。それぞれアイスクリームに混ぜ、30分ほど冷蔵庫に入れれば出来上がり。刻んだキュウリやシソ、茹でたゴーヤ、しょうがのしぼり汁を混ぜてもおいしい。

「茹でたオクラを刻んで混ぜると、トルコアイスのようなとろみが出ておいしい！　ミョウガのシャキシャキ感を楽しんだり、好きな野菜で作ってみてください」

玄米クリーム

材料：玄米クリーム（市販のレトルトパック）50g、メイプルシロップ 小1

作り方：玄米クリームを器に入れ、メイプルシロップをかける。岩塩かキパワーソルトを少しかけてもおいしい。玄米クリームが手に入らない場合は、ゆるく炊いた玄米1：水10でミキサーにかける。

「玄米クリーム（P37で紹介）があれば簡単にできて、朝ジュースのかわりにいただくこともあります。小腹がすいたときの夜食にもよく、ジュース断食の前夜に最適のメニューです」

ミネラル&
ビタミン豊富な
美に効くおやつ。

シルクの美肌論

大人のダイエットは肌にもたっぷりいいものを。

　大人のダイエットは、カラダの基本的な働き、細胞の再生やデトックス効果なども考えて、毎日の食事や生活習慣にいつも以上に気を配る必要があるのですが、これは美肌のためにも同じことが言えます。極端な食事制限は、栄養が肌の再生にまで及ばず、肌質そのものを悲惨に変えてしまいます。また、内側から輝くハリ・ツヤも失われ、シワ、たるみ、くすみといったエイジングトラブルをどっと招き寄せることに。今よりもっとキレイを目指すダイエットでは、食生活に気を配るのはもちろん、美顔筋トレで肌の基礎力を底上げし、以前よりも美肌力を上げる気持ちでかからなければ、意味がありません。

　カラダの中から美肌力を上げると同時に、さらに普段のお手入れでしっかり必要な成分を補ってあげることも美肌力アップの近道。肌は、“内臓と環境と精神の鏡”です。日常の様々な変化に敏感に反応し、すぐ揺らいでしまう。生活習慣を変えるにあたっては、肌の反応も毎日しっかりチェック。今まで以上に優しくケアしてあげましょう。いつものコスメが合わなくなった、肌が乾燥しやすくなった、そんなサインに気づいたら、食事でもコスメでもすばやくケアを。新しいあなたに必要なコスメを見直す時期かもしれません。ダイエットで、カラダにもお肌にもいいものをしっかり与える習慣をつければ、エイジング肌ももうこわくない！　この機会にぜひ、美肌力アップを目指しましょう。

シルクの美スペシャル

幸せ肌を育てる、わたしのとっておき。

30代を過ぎたら肌を甘やかすことも大事、そう考えて時にはちょっと高価なコスメを使って丁寧に肌のお手入れをしています。

肌老化を食い止め、素肌力を高めるためにも紫外線対策は必須。5月と10月に2週間の集中美白を実践しています。5月はこれから受ける紫外線予防のため、10月は受けてしまった紫外線修復のため。おかげでシミが出来にくくなりました。

ちょっと高価かなと思うコスメも、大人の肌には必要だと思うんです。30代後半からは、自分の肌を思いっきり甘やかす時間も大切。ここぞというときは高機能美容液や、エイジングケア用のクリームを使います。年を重ねると目元の専用ケアも絶対必要。目のまわりの乾燥を防ぎ、たっぷりのうるおいを心がけています。

A 肌に溶け込むようになじみ、若々しく輝きのある素肌に導く高機能美容液。エイジロジック タイムセラム25ml ¥29,400 ／ B 目元にハリを与える、アイケア専用クリーム。エイジロック ユー15ml ¥18,900 ／ C みずみずしいテクスチャーで肌に浸透、驚くほどのうるおいを与えてくれるエイジングケア用のデイナイトクリーム。エイジロジック セルレール　50ml ¥33,600

ニューワイト 美白ライン　D うるおいを与えながら汚れを落とすミルククレンジング。デマキャン ニューワイト200ml ¥4,725 ／ E 明るい肌へ導く化粧水。ローション ニューワイト200ml ¥4,725 ／ F 朝用美白クリーム。クレーム ジュール ニューワイト50ml ¥10,500 ／ G 集中トリートメントとして。セラム ニューワイト23.5ml＋1.5g ¥12,600 ／ H 夜用美白クリーム。クレーム ニュイ ニューワイト50ml ¥10,500 ／ I うるおいと輝きを与える美白シートマスク。マスク ニューワイト7枚入¥10,500
（以上すべてギノージャパン ☎03-3400-6444 http://www.guinot.co.jp）

シルクの美定番

美習慣に欠かせない、肌のお守りコスメ。

日々のお手入れに欠かせない、私の肌のお守りコスメをご紹介します。化粧品は浮気してもいいんです、と言っていますが、自分の肌に合うものは、気がつけば10年、20年と愛用しているんです。

E
ネオキューブ

「5年以上使い続ける、愛用マスク。信頼してます。これで夜のお手入れをしておくと、翌朝の化粧ノリが全然違います」
厚手のシートに美容液がたっぷり含まれ、肌を集中的に保湿。プレミアムマスク2包入¥2,100（辰馬本家酒造 ☎0120-18-5852 http://www.alphagg.com）

D
マリア ギャラン

「顔のトラブルから救ってくれる私の肌のお守り。夜のお手入れに使うと、翌朝には吹き出物が引いていてビックリします」
敏感肌用の保湿クリーム。17B クレーム スペスィアル ポー サンスィーブル 50ml ¥7,140（ラフォーレ ☎0120-856-677 http://www.laforre.jp）

C
無添加工房OKADA

「顔だけでなく、冬場はヒジやヒザのかさつきにも使います。防腐剤や香料、着色料を一切使っていない安心の成分」
天然のオリーブスクワラン100%。さらっとした使用感。岡田美容オイル30ml ¥2,520（無添加工房OKADA ☎0120-000-610 http://www.mutenka-okada.com）

B
レステモ

「メラニンの生成を抑え、シミ、そばかすを防いでくれる美白美容液。洗顔後に使うと、お肌のハリと透明感がアップします」
美白成分のプラセンタエキス、保湿成分のヒアルロン酸、コラーゲン、サクラ葉抽出液を含む。美白美容液30ml ¥5,460（クレモナ ☎0120-71-7148 http://www.717148.jp）

A
ラフォーレ

「吹き出物が出来たり、肌が敏感になっているときは、このローションで鎮静化させます。刺激が少なくていいんです」
肌への刺激を抑えた、マイルドな使い心地の敏感肌用化粧水。カルメージ ローション120ml ¥4,725（ラフォーレ ☎0120-856-677 http://www.laforre.jp）

K
コラン

「10年以上愛用しています。夜の保湿はこれがあればバッチリ。1年中使います。ジェルなのでつけ心地がいいんです」

海洋性コラーゲン配合で肌をいきいき。ネイティブ コラジェン ゲル 50ml ￥12,600（ビ・マジーク ☎03-5778-4735 http://www.vie-magique.com）

J
バボール

「気になるシミに、くるくる馴染ませながら、スポット的に使っています。スティックタイプで使いやすいのも魅力です」

シミや色素沈着を集中的にスポットケアする美容液。ダーマSPセラム4.5ml ￥10,800（ナチュレ ☎03-6228-0337 http://www.babor.jp / http://www.facebook.com/baborjapan）

I
ピエラス

「上下に分かれたゲル状マスクなので、顔にぴったりフィットするんです。ストレッチをしながら、パックをするのに便利」

海藻由来の保湿美容成分を含んだ、シートマスク。天然五色黄土ハイドロゲルマスク 5枚￥2,500（ピエラス ☎0120-46-7270 http://www.pieras.co.jp）

H
ジュナティック

「その日の肌状態に合わせて、化粧水を使い分けています。これは敏感肌、普通肌のとき。独特の引き締め感がいいんです」

植物成分主体のマイルドな化粧水。フィブロフェイスローション200ml ￥5,040（エル・インターナショナル ☎0120-66-7251 http://www.elle-international.co.jp）

G
ギノー

「私のお肌のオロナイン的存在。肌の調整が悪いな、赤みを帯びたなと思ったら、この敏感肌用クリームを使います」

ストレス肌を落ち着かせ、しっかり保湿。クレーム プロテクション レパラトリス 50ml ￥6,825（ギノージャパン ☎0120-66-7251 http://www.guinot.co.jp）

F
ジョリコール

「有機栽培の植物原料にこだわり、香料や着色料を一切使わずつくっているので安心。癒されたい夜のお手入れに使います」

植物由来の国産オーガニックエキスをたっぷり含んだ美容液。ミルク 50ml ￥4,410（日本オーガニック社 ☎0120-488-551 http://www.jolicorps.com）

Part.2

Make Your Body Flexible.

Easy-to-do Exercise.

太らないカラダになる、てっぱんトレ。

太りやすいカラダは若さを奪います。数字だけにとらわれず、
やわらかいカラダ、しなやかな筋肉を作ることがきれいにやせる近道です。

DAILY EXERCISE IS VITAL.

太らないカラダはやわらかいカラダ。

気持ちいいと感じる、快適運動を習慣にしましょう。

大人のダイエットでは、食習慣を変えると同時に、日常的にできる簡単な運動を継続していくことが重要です。食べてやせるカラダを作るには、エネルギー消費しやすいカラダを作らねばなりません。そもそも年齢とともに太りやすくなるのは、基礎代謝と筋肉量の低下が原因。脂肪を消費するには、ある程度筋肉をつけておかないと、いくら食事に気をつけても消費効率は悪いまま。といっていきなりジムで激しい筋トレを始めるのも考えものです。それまでよほど筋肉を鍛えていないと、逆にカラダを痛める危険が。特に年齢を重ねるほど筋肉がついていかず、大人のダイエットでは軽い運動を日常的に心がけるのがベストです。

Aim for a "No-Fat Body"

　女性ホルモンの活性化や、加齢によるボディの〝たるみ〟を考えると、女性はあばらの下から下腹にかけての「体の軸（体幹）」のインナーマッスルを鍛えることが最重要。骨と内臓を支える筋肉が緩んでくると内臓が下がり、ぽっこりお腹、猫背になって背中や脇に贅肉がつくなど、見るからに老けたカラダに。そこで、老化が表れやすいパーツを鍛えると同時に、体幹を鍛えるスローエクササイズが最もおすすめです。パーツ&体幹のインナーマッスルを意識して毎日少しずつ鍛えることで、筋力だけでなく内臓の働きや全身の血流も改善され、新陳代謝がアップ。また成長ホルモンの分泌も促され、若返り効果もあります。インナーマッスルを鍛えるエクササイズは、週に1回で現状維持、2回で今より少しアップ。3回で確実に筋肉量がアップするといわれています。また下半身は筋肉量が最も多いので、早く代謝をアップさせたいなら下半身エクササイズを毎日続けましょう。さらにウォーキングやスロージョギング、上下ステップ運動などの有酸素運動を1日20分以上。体幹エクササイズ&有酸素運動が、内臓脂肪を落としやすくする最短の方法です。

　カラダの根幹を鍛える運動を日常習慣にしておけば、外側の「見える」筋肉は後回しでＯＫ。それより大切なのがストレッチ。放っておくと年齢とともに筋肉は収縮し、硬くなって老化する一方。その結果、基礎代謝が落ち、血液の循環が悪くなり、老廃物も排出されにくく、やせにくいカラダになるわけです。代謝アップのためには、筋肉を鍛えるとともに、やわらかく維持することが重要です。やればやるほどカラダが軽く、気持ちよくなる簡単な運動ですから、ちょっとしたすき間時間を利用して、小まめに筋肉を伸ばし、滞りの解消を心がけましょう。また、1日の終わりにも筋肉をしっかり伸ばしておくことが大切。快眠はもちろん、睡眠中の体内代謝にも大きく影響し、やせやすい体づくりには必須です。

筋肉MAP

シルク流てっぱんトレの基本は、使う筋肉を意識すること！

大切なのは、「ここに効いている」という意識を持ちながら筋肉を動かすこと。
それぞれの筋肉の場所と役割を覚えておきましょう。

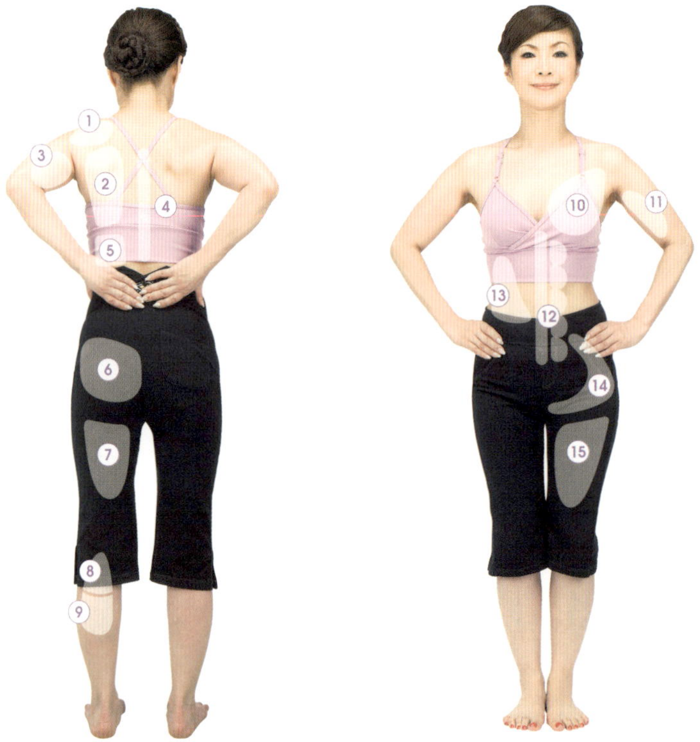

❶三角筋
腕を上げる筋肉。**肩から首筋の美しいラインを作る。**

❷僧帽筋
肩を上げたり、後ろに引く筋肉。**首筋のラインをスッキリ。**

❸上腕三頭筋
ヒジを伸ばす働きをする筋肉。**二の腕を引き締める。**

❹脊柱起立筋
背面から背筋を支える筋肉。**背筋が伸び、美しい立ち姿に。**

❺広背筋
腕を後方に引く働きの筋肉。**背中ライン美人に。**

❻大臀筋
脚を後ろに振る働きの筋肉。**ヒップアップに不可欠。**

❼ハムストリング
足を後方に振る、ヒザを曲げる筋肉。**ヒップアップに効果的。**

❽ヒフク筋
ふくらはぎのカギを握る筋肉。**すっきり美脚に。**

❾ヒラメ筋
足首を伸ばしたりかかとを上げる筋肉。**ふくらはぎをスリムに。**

❿大胸筋
胸を前に押し出す筋肉。**バストアップに不可欠。**

⓫上腕二頭筋
二の腕の内側。**二の腕を引き締める。**

⓬腹直筋
姿勢維持に働く筋肉。**ぽっこりお腹防止。**

⓭腹斜筋
脇腹にある筋肉。**美しいくびれをサポート。**

⓮大腰筋
太ももを前に出す筋肉。**骨盤矯正に。**

⓯大腿四頭筋
ヒザを伸ばし、体を支える筋肉。**太ももを引き締める。**

ここが老けたらNG!
パーツ&体幹(コア)を鍛える。

お風呂上がりに、鏡で裸の自分とじっくり向き合ってみましょう。なにげなく立ったときの姿勢が悪い。内臓が下がってぽっこりお腹。太ももとお尻の境目がぼやけてシワが……。これらはどれも老化のサイン。ボディの老化を防ぐには、まず内臓と骨を支えるカラダの軸、体幹(コア)を鍛えることが先決です。太りにくいカラダを作るために、老化が表れやすいパーツのインナーマッスルと体幹を同時に鍛える、スローワークでカラダの奥から引き締めていきましょう。

ちょいノリ

無理のない範囲で、週に3日、気になるパーツをピックアップして1日1~3種類を目安に始めましょう。1種類を毎日続けるなら、下半身引き締めスクワットがおすすめ。

がちモード

短期で筋力アップを狙うなら、ちょいノリ、がちモードのメニューを両方(全10種類)毎日続けるのが理想。足りなければ、セット回数を増やしましょう。

腹斜筋　上腕三頭筋　ハムストリング

二の腕&太ももシェイプ

腕と脚を同時に鍛え、余分な肉をスッキリ。

がちモード

1

伸ばした脚のつま先をぴったり揃えて床に座り、お尻のうしろにヨガボール、または丸めたバスタオルを置きます。手のひらは背後の床につけ、指先をボール側に向けます。

2

息を吸って吐きながら、つま先を揃えた状態のまま、両脚を太もものつけ根から持ち上げます。

3

上げたところで、つま先を揃えたまま、足首を前後にクイックイッと動かします。①~③を繰り返し、3セット。

ちょいノリ

1

脚を伸ばして床に座り、お尻のうしろにヨガボール、または丸めたバスタオルを置く。手のひらを背後の床につけ、指先をボールの方向に向けます。

2

片足のつま先を伸ばし、息を吸って吐きながら太もものつけ根から脚を持ち上げます。脚を元に戻し、次は同様に反対の脚を持ち上げます。左右交互を3セット。

MINI COLUMN

体幹(コア)とは?

体幹は、おへその下から恥骨にかけて、体の中心線上にあるインナーマッスル。体の軸となる部分で、成長ホルモンの分泌にも影響があるとされます。腹式呼吸でエクササイズを行うことによって、誰でも無理なくできるスローな運動で体幹も同時に鍛えられます。

脊柱起立筋　広背筋　大臀筋

背中すっきりシェイプ

背中の真ん中の筋肉を鍛え、たるんだ肉の引き締め。

がちモード

1 ボールやタオルをはずして床にうつぶせになり、つま先を床に立てます。

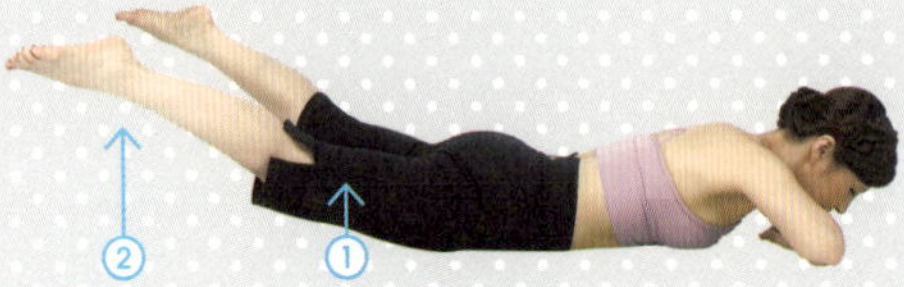

2 そのままの状態で鼻から息を吸い、5秒で口から息を吐きながら①、②の順で両脚を太もものつけ根から持ち上げ、そのまま3秒キープ。

3 息を吸って5秒で息を吐きながら、次は両手両脚を伸ばして持ち上げ、そのまま3秒キープ。

4 また息を吸って、5秒で息を吐きながらつま先を床に向けて少し戻し、息を吸って、吐きながら床につく前にまた持ち上げます。この一連の動作を3セット。

ちょいノリ

1 小さめのヨガボール、またはバスタオルを丸めて胸の下に置いてうつぶせになり、つま先を床に立てます。

2 まず鼻から息を吸い、5秒で口から息を吐きながら片手を前に伸ばし上方に上げ、同時に手と左右逆の脚を太もものつけ根から持ち上げ、そのまま3秒キープ。

3 また息を吸って、5秒で息を吐きながら元に戻ります。左右交互に3セット。

MINI COLUMN

エクササイズで大事な呼吸法

体幹を意識するエクササイズでは、呼吸法が重要です。息は、鼻から吸って口から吐くのが基本。そして最も重要なのが、息を吐きながら動作するときに、内もも、肛門、膣、尿道を締める気持ちで、下腹に力を入れること。またその際にパーツ筋を動かすにあたっては、骨を1本1本動かすようなつもりでゆっくり動くのがポイントです。

大腰筋　大臀筋　腹直筋

下半身引き締めスクワット

下半身の筋肉強化で脂肪代謝をUP。

ちょいノリ

1

脚を閉じた状態で背筋を伸ばして立ち、カカトを合わせて足先を左右に開く。両手は腰へ。

2

その体勢から、5秒で息を吸いながらヒザを曲げてゆっくり腰を下ろしていきます。このとき体の中心線を意識！ その状態のまま3秒キープ。

3

5秒で息を吐きながら元に戻ります。この動作中は、内もも、肛門、膣、尿道を締める気持ちで下腹に力を入れます。

がちモード

1

がちさんは脚を大きく開き、背筋を伸ばしてつま先を外側の方向に向けて立ちます。両手は腰へ。

2

その体勢から、5秒で息を吸いながらヒザを曲げてゆっくり腰を下ろしていきます。その状態のまま3秒キープ。

3

5秒で息を吐きながら、元に戻ります。同じくこの動作中は、内もも、肛門、膣、尿道を締める気持ちで下腹に力を入れて！

腹斜筋 広背筋 脊柱起立筋

くびれトレーニング

ウエスト脇のたるたる贅肉をシェイプ!

ちょいノリ

1

脚を肩幅くらい開き、両手でフレックスバンド（P60で紹介）やタオルを持って上に伸ばします。

2

そのままの体勢で息を5秒吸いながら、左右どちらかに体をゆっくり傾け、そのまま3秒キープ。息を吐きながら5秒かけて元に戻る。反対側も同じ要領で。

3

①の状態に戻ったら、脚はそのままの体勢で、今度は体を左右にひねります。まず5秒息を吸いながら、左右どちらかに体をゆっくりひねり、そのまま3秒キープ。息を吐きながら5秒で元に戻る。反対側も同じ要領で続けます。それぞれ左右交互を3セット。

がちモード

1

ちょいノリの①と同じ体勢から、息を5秒で吸いながら、つま先より前にヒザが出ないよう平行を保ってお尻をつき出し、手は首のうしろへ。そのまま3秒キープ。

2

下半身はそのままの状態で、5秒で息を吐きながら、両手を頭の斜め上へ伸ばします。このまま3秒キープ。

3

次にまた息を5秒で吸いながら両手を鎖骨まで下ろして3秒キープ。5秒で息を吐きながら、両手を頭の斜め上に伸ばします。首のうしろ→頭の斜め上→鎖骨と繰り返し、3セット。

下腹&ドレープ尻解消ワーク

お腹とお尻のたるみに効く体幹(コア)トレ。

がちモード

1

あおむけに寝てヒザを曲げ、まず息を吸い、息を吐きながら両腕と足裏を床につけたまま、背骨を背中から1本1本上げていく感じで腰を浮かせます。息を吐くときは、内もも、肛門、膣、尿道を締める気持ちで下腹に力を入れます。

2

鼻から息を吸い、息を吐きながら脚を上げていき、ヒザを90度に曲げます。

3

息を吸って、息を吐きながら脚を上げていきます。このときは足首を返し、足首と甲が直角になるよう、つま先を天に向けた状態で上げます。

4

脚を真上までまっすぐ伸ばしたら、足首を返してつま先を天に向けます。ここで息を吸って、吐きながら足を下ろします。このときも足首と甲を直角にした状態で下ろし、元の位置に戻します。これも左右交互に3セット。

ちょいノリ

1

あおむけに寝てヒザを曲げ、まず息を吸い、息を吐きながら両腕と足裏を床につけたまま、背骨を背中から1本1本上げていく感じで腰を浮かせます。息を吐くときは、内もも、肛門、膣、尿道を締める気持ちで下腹に力を入れます。

2

鼻から息を吸い、息を吐きながら脚を上げていき、ヒザを90度に曲げます。

3

息を吸い、息を吐きながらつま先を天に向けてまっすぐ伸ばします。また息を吸い、口から息を吐きながら、脚をつま先から下ろし、元の位置に戻します。この間ずっと腰を下げずに行います。左右交互に3セット。

ちょいノリ

1種類を3セットぐらいでOK 。日によってパターンを入れ替え、いろんな筋肉を鍛えましょう。

がちモード

2～3種類を3セットずつ。パーツ&体幹を鍛えるエクササイズと組み合わせて行うと、パーツの筋力アップに効果大。

お手軽で愛用中! エクササイズGOODS。

出張ロケや旅先など、いつもの定番トレーニングが難しい場所で便利なのが、お手軽エクササイズグッズ。かさばらず、軽いのでいつもバッグに常備しています。しかもシンプルに見えて、使ってみると効果大！　鍛えたいパーツ筋の運動にとても重宝なんです。今回ご紹介するトレーニングは、どれも簡単にできるものばかり。ポイントは使う筋肉を意識すること。「ここに効いている」という感覚を大切にしましょう。基本の呼吸法（P54で紹介）も忘れずに。

上腕二頭筋　僧　帽　筋

二の腕シェイプ

首筋&たるたる二の腕を鍛える。

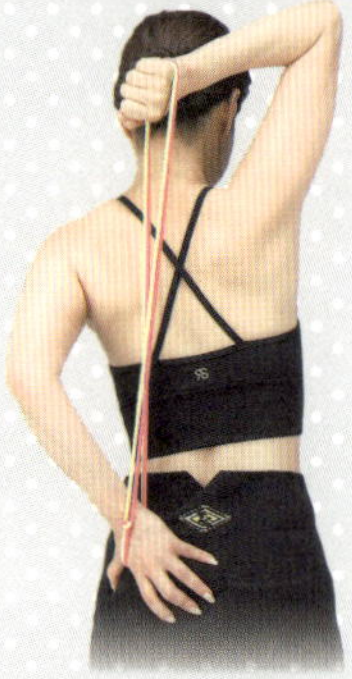

1

背中のうしろで、ゴムの輪に通した方の手をお尻に置き、もう片方の手でゴムの端を握ります。

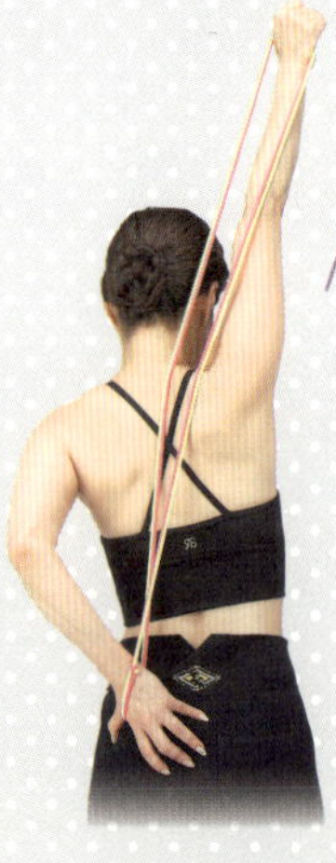

2

ゴムを握った手を思いきり上に、伸ばせるところまで伸ばす→戻すを繰り返します。反対側も同様に行います。

大腿四頭筋　ヒ　ラ　メ　筋

太もも引き締め

もも&ふくらはぎの筋肉を刺激。

1

イスに座って、両足首をゴムの輪に通して脚を前に伸ばします。

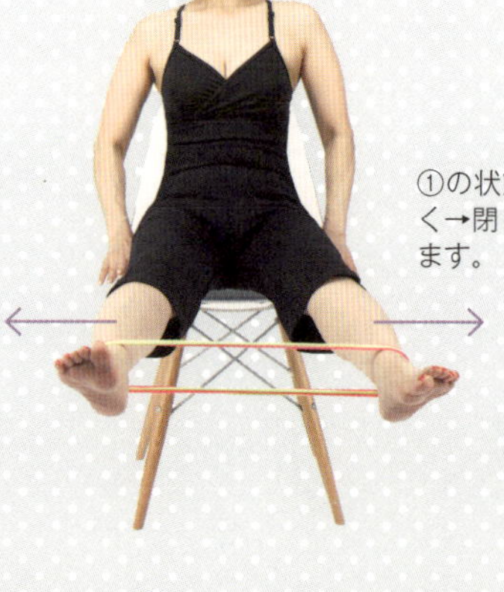

2

①の状態から、脚を開く→閉じるを繰り返します。

上腕三頭筋

二の腕シェイプ

二の腕の引き締め効果はバツグン。

1

脚を開いて立ち、片足の先をゴムの輪に通し、足で踏んで固定します。同じ側の手で輪のもう片方を手のひらが正面を向くように握ります。もう片方の手は腰に。

2

そのままの状態からヒジを曲げ、ゴムを引っ張り上げます。曲げる→戻すを繰り返します。反対側も同様に行います。

ループループ

伸縮力が優れたゴム。主に上半身と全身を鍛えるのに使っています。カラフルな色でコンパクトなところもお気に入り。インターネット通販などで手に入ります。

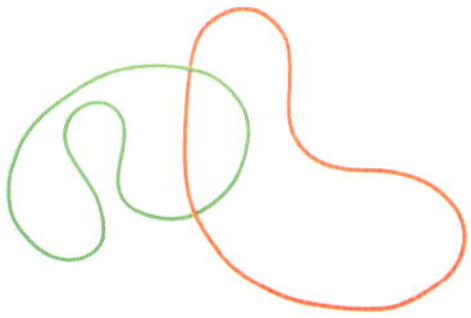

広背筋 脊柱起立筋 大胸筋

背筋すっきり

背中の贅肉&美バストに効く!

1

バンザイするように、手首にゴムを通した両手を大きく上に伸ばします。

2

そこから両腕を肩と水平の位置まで、ゴムが背中に回るようおろします。バンザイ→水平までおろすを繰り返します。

腹斜筋　ヒフク筋　ハムストリング　ヒラメ筋

すらり美脚

脚全体&ヒップアップ効果もあり。

1

ヒザを伸ばして床に座り、足裏にバンドをまわし、両手で両端のほどよいところを持ちます。

2

まず息を吸い、息を吐きながらバンドを引っ張り、背骨1本1本を曲げていく気持ちでゆっくりと後方に上体を倒していきます。

3

完全に床に背をつけたらまた息を吸い、息を吐きながら、そこから今度はバンドを引っ張って、背骨1本1本を曲げていく気持ちでゆっくりと上体を起こしていきます。倒す→起こすを繰り返します。

腹直筋

ぺったんこ下腹

下腹を刺激してぽっこりを解消。

1

イスを用意し、床にあおむけになって、ヒザがほぼ直角になるよう足首をイスの座面に乗せます。その体勢で、バンドを太もも裏にまわし、両手で両端のほどよいところを持ちます。

2

自分の頬に目線を向け、そのままバンドを引っ張りながら、できるだけ首にシワが寄らないように肩から頭までを持ち上げます。また頭を下ろす→持ち上げるを繰り返します。

フレックスバンド

ヨガの先生からいただいて愛用しています。負荷が大きく、下半身を鍛えるのに便利。インターネット通販などで手に入ります。

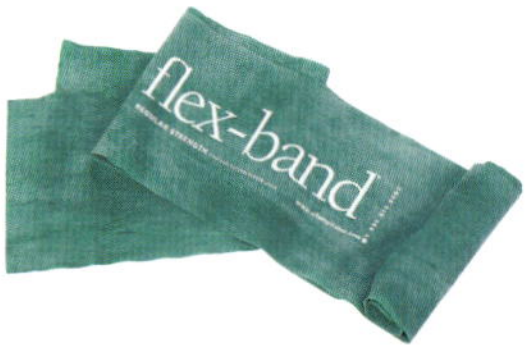

こんなもの、使ってます!
シルクの美常識

大人のダイエットは、トータルなアプローチがなにより大事。
カラダの中からも外からもキレイになるため、
美ボディ作りに役立ちそうなものを見つけたら、まずは試しています。

安心して食べたいから、野菜は洗剤で洗っています。

「野菜や果物はなるべく低農薬で、新鮮なものを求めるようにしていますが、この野菜洗剤があれば安心。食感や鮮度もアップします」

天然素材ホタテの貝殻を原料とした野菜の洗浄剤。野菜、果物、お米の気になる汚れを落とし、本来のうまみを引き出す。食品生まれの除菌もできる洗剤（5包入）¥300（オブジィー ☎052-486-1800 http://www.of-gentle.com）

女性にとって大切な葉酸、鉄、カルシウムはお手軽スープで補充。

「ちょっと小腹がすいたなというときに便利なフリーズドライ。葉酸を手軽に、おいしいスープでいただけるのはうれしいです」

通常のたまごより葉酸を多く含む「葉酸たまご」を使用し、カルシウム、鉄など女性にとって大切なミネラルも配合した、カラダに優しいスープ。葉酸たまごスープ（10食入）¥1,575（森下仁丹 ☎0120-181-109 http://www.181109.com）

冷え対策にはバイオラバー腹巻。

「冬場は低体温になりがちですが、この腰コルセットをしていればカラダがぽかぽか。姿勢もよくなるので、毎日愛用しています」

石灰石に貴金属を配合した、特殊ゴムでできたバイオラバー製のベルト。伸縮性があり、通気性があるので女性の普段使いにも便利。バイオラバーアクア シェイプアップベルト¥126,000（山本化学工業 ☎06-6751-6134 http://www.yamamoto-bio.com）

うがいをして、びっくり! 口の中の汚れが見えるんです。

「しっかり歯磨きした後、寝る前にこれでうがいをします。磨き残しがあっても、すっきりきれいに。汚れが目に見えて取れるから、爽快なんです」

口腔内のタンパク質汚れを絡め取り固め、きれいに洗浄。汚れを洗い流し、口臭を防ぐプロポリス入りのマウスウォッシュ。プロポリンス600ml ¥980（ピエラス ☎0120-46-7270 http://www.pieras.co.jp）

脚線美とお尻のためのスーパー・ストッキング

「太ももまでのサポートはよくありますが、これは強力なガードル機能もあって、お尻までしっかり持ち上げてくれます。夏でも冬でも年中愛用してます」

140デニールの弾性糸を使った着圧力で美脚効果に加え、ぐっとお尻を持ち上げ美しい小尻に。ポッコリお腹もすっきり押さえる着圧補正ストッキング。キュットスリムプロ¥2,940（グランブルー ☎043-216-3777 http://qtto.jp）

ちょいノリ

どれか1つ選んで習慣にしましょう。テレビを見ながら、CMの間に30秒～1分程度でもOK。

がちモード

毎日必ずする行動と、ながらストレッチをセットにして、こまめに1～2種類、5分以上を目安に。

オフィスで、TVを見ながら、ちょこっと隙間ストレッチ。

ストレッチは運動の前後に筋肉を伸ばすためだけでなく、太りにくい、やわらかいカラダ作りに必須。年齢とともに筋肉が減少すると、基礎代謝が低下します。またずっと同じ姿勢で動かずにいると骨格の歪みや筋肉の硬化を招き、血流やリンパの流れも停滞。水分や老廃物の排出も低下します。そこで、ちょっとした隙間時間に5～10分、座って気軽にできるストレッチを！　肩こりや冷え予防にも、こまめにちょこちょこ滞りを解消し、筋肉を常に柔軟に戻しておくことが大切です。

背中・肩の凝りをほぐす

猫背解消で、肺の酸素量を上げて酸欠防止。お腹の贅肉、バストの垂れ防止にも。

1

背筋を伸ばし、足を揃えてイスに浅く腰掛けます。ヒジを曲げ、肩と平行になるよう腕を上げて、胸の前で両手の指先を向かい合わせます。

2

その状態から、ヒジを背中側へぐっと引っ張る（肩甲骨を内に寄せる）感じで、腕を外に開きます。

3

最後は腕を背後に伸ばし、イスの背を持って胸を大きく開きます。

骨盤の歪みを正す

**骨盤の歪みによる姿勢のくずれを改善、
贅肉を落とし、自然なくびれを作る。**

1

背もたれのあるイスに浅く腰掛け、脚を組みます。

2

組んだ脚と同じ側の手でイスの背を持ち、もう片方の手のヒジを、組んだ脚のヒザに乗せます。

3

ヒジでヒザを押しながら、体をひねります。脚を組み替え、反対側も同様に行います。

足むくみを改善

**冷えもむくみも代謝低下のサイン。
体液の流れをよくし、美脚に導く。**

イスに腰掛け、片脚だけ正座の要領で脚を折り、足首を伸ばして座ります。こうして足を暖めながら、足裏のツボを刺激します。反対側の足も同様に行います。

股関節をほぐす

**股関節が硬くなると老化が加速!
柔らかくしてリンパの滞りを解消。**

1

ヒザを大きく広げ、背筋を伸ばしてイスに浅く腰掛け、つま先を外へ向けます。

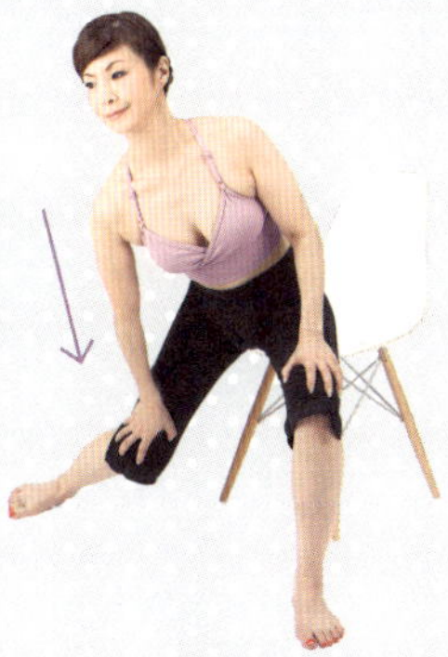

2

両手でヒザをつかみ、片脚のヒザを内側に入れて20秒ほどキープ。反対側のヒザも同様に行います。

ちょいノリ

お風呂上がりにこのうち3種類、5分だけでもOK。翌日はまた別のストレッチをして、違う筋肉を伸ばしておきましょう。

がちモード

夜、お風呂上がりに毎日3～5種類を5～10分が基本。特に股関節ストレッチは重要なので、できる限り毎晩続けましょう。

やせやすいカラダを作る、眠る前の柔軟ストレッチ。

放っておけば筋肉は年々縮んで硬化し、老化を早めます。股関節、足首、肩甲骨……、血流やリンパの流れが停滞しがちな部分は、1日の終わりにしっかり筋肉を伸ばし、滞りを解消しておくことが大切。やせやすいカラダ作りに必須のストレッチです。お風呂上がりに5～10分でOK。痛いなと思うところが滞っているところなので、そこに意識を集中します。また筋肉を伸ばして緩めると、脳がリラックスモードになって快眠にも繋がり、毎朝清々しく目覚められますよ。

足首ストレッチ

末端から血流を促し、むくみ改善。

1

片脚は正座の状態で、片膝を立てて座ります。

2

①の体勢から、上体をゆっくり前に倒し、足首うしろのアキレス腱を伸ばしていきます。反対側の脚も同様に行います。

3

次に正座した状態で、上体を少し後方に反らせ、足の甲をしっかり伸ばします。

4

その状態から、次は足の指を立て、お尻をカカトに乗せて足指もストレッチ。

股関節ストレッチ

脚のつけ根のリンパの滞りを改善。

ちょいノリ

1 背筋を伸ばして床に座って脚を大きく開き、片方の脚を内側に曲げます。

2 まず息を吸い、息を吐きながら背筋を伸ばしたまま上体を前にゆっくり倒して、手のひらを床につけ、手を前方にすべらせながら上体を前に倒していきます。そのまま20秒キープ。反対側も同様に行います。

がちモード

1 背筋を伸ばして床に座って脚を大きく開き、片方の脚を内側に曲げます。

2 まず息を吸い、息を吐きながら背筋を伸ばし、顔は正面を向いたまま上体を前にゆっくり倒して、ヒジから先を前方の床につけます。そのまま20秒キープ。反対側も同様に行います。

内ももストレッチ

骨盤を正してホルモンバランスを調整。

3

そこから、つま先をひきずりながら、なるべくゆっくりと元の位置に戻ります。反対側の脚も同様に行います。

2

体の軸がずれないように気をつけて、片脚を大きく横に開きます。

1

両脚を揃えて立ち、手は腰にあてます。

二の腕ストレッチ

二の腕を引き締め、バストアップ。

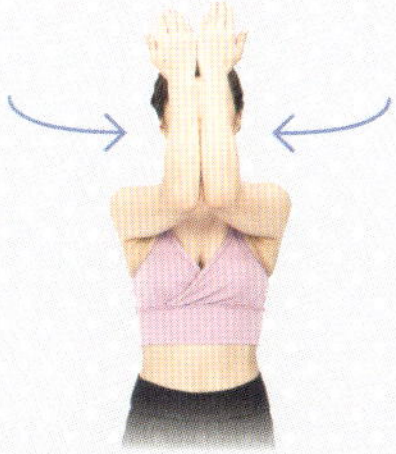

2

そこから両腕がくっつくまで顔の前へ寄せ、大きく息を吸います。

1

腕を左右に開き、ヒジを直角に曲げて指先を天に向けます。

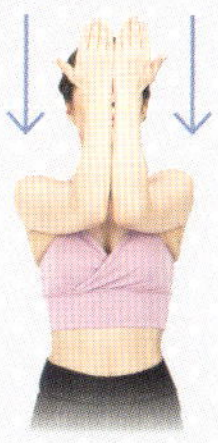

4

また息を吸って、次は吐きながら腕を顔の前(②)→元の位置(①)と戻します。

3

息を吐きながら、両腕をくっつけた状態で上方に持ち上げ20秒キープ。

背中ストレッチ

二の腕太り&肩こり解消。

ちょいノリ

1 肩甲骨の真ん中あたりに小さめのヨガボール、または巻いたバスタオルを置き、つま先を揃えて床にあおむけに寝ます。手の平をつけ、腕を胸の前で合わせます。

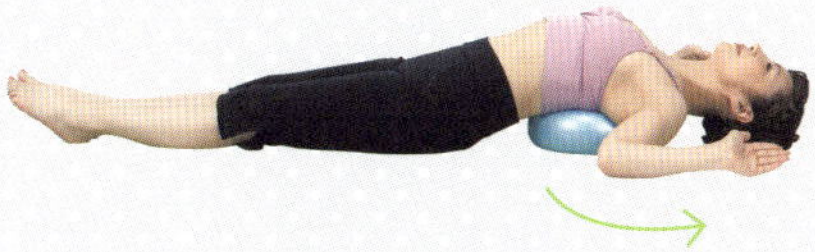

2 ヒジを曲げた状態で、息を吐きながらゆっくり腕を開いていきます。床に腕がついた状態で20～30秒キープ。

がちモード

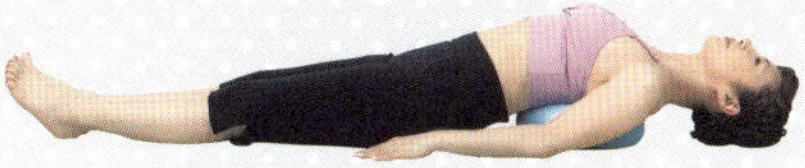

1 肩胛骨の真ん中あたりに小さめのヨガボール、または巻いたバスタオルを置き、つま先を揃えて床にあおむけに寝そべります。このとき、つま先が離れてしまう人は、両脚の親指をくっつけてゴムでしばってもOK。

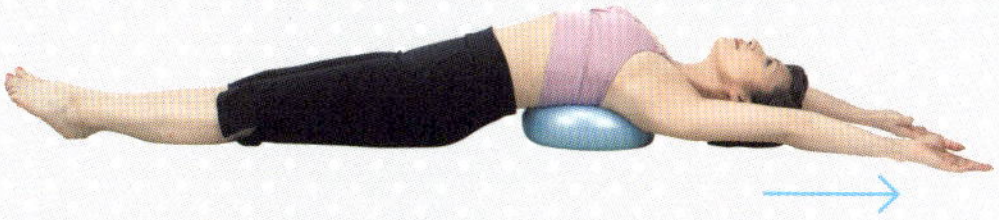

2 息を吐きながら、手を頭の上のほうに思いきり伸ばします。そのまま20～30秒キープ。慣れれば5分でもOK。

Your Beautiful Body and the Bath.

健やか美ボディは入浴から。

大人のダイエットに欠かせない、シルク流バスタイム活用術。

私にとってのバスタイムの効用は、まず第1にリラックス。最初の5〜10分はボーッと、1日の疲れを全部洗い流してゼロにする気持ちで、肩までお湯に浸かります。半身浴は上半身が温まるのに時間がかかり、逆に疲れるので私は基本的に肩まで派。またお湯の温度も低めより、やや高めの40度より上くらいに設定。「お湯は42度以上が美肌作りに効果大」という話を聞いてから、熱めのお風呂に5分ほど浸かります。お湯の温度は好みもありますが、私は熱め派。

お風呂は血行や冷えの改善にも絶好の時間ですから、いったんリラックスしたら、次は湯船で簡単エクササイズ。お湯の中でカラダを動かすと、浮力&水圧があるため通常の運動より効果倍増なんです。5分程度の運動でも、365日積み重なればダイエットや血流改善だけでなく、美肌効果、筋力アップ、あらゆるところに美の効果が表れます。

さらにお風呂は、ココロとカラダの大切な排泄の時間とも捉えています。まずカラダを芯から温めることで、全身に血流が巡り、細胞の再生や老廃物の排出を促進。排出にかかる時間も短縮されます。また、温かいお湯に浸かっていると、ハ〜ッと大きなため息がつい出てしまいますが、これがいいんです！　よく「ため息をつくと不幸になる」などと言われますが、私は「お風呂ではため息をつくほうが幸せになる」というのが持論。ため息をつくと深く息を吐くので、その分深く息を吸います。これが美容にも効果大。それに、大きなため息をつくほどしんどい思いを抱えているなら、ため込むほうがよっぽどカラダに悪い。ダイエットのモチベーションを保つためにも、1人きりのバスタイムでは、誰に気兼ねすることなく、どうぞため息を連発してください。

そしてお風呂上がりには、しっかりボディケア。さらに美顔筋トレもお忘れなく。筋肉が緩み、血流がアップして毛穴が開いているこのタイミングで全身と顔のお手入れをすることによって、キレイなボディラインと美肌作りにも大いに役立ちます。

きれいボディを作る、お風呂のたのしみ。

自然の香りの入浴剤で肩まで高温浴。

リラックス効果を高めるために、有機栽培のカミツレエキスや植物精油を配合した入浴剤を愛用しています。お湯の温度はやや熱めで、しっかり肩まで入浴。食材の「50度洗い」じゃないですが、お風呂の温度も高めのほうが肌にいいという説があります。老廃物の排出や代謝アップ、さらに美肌効果を考えても熱いお湯のほうが○だとか。

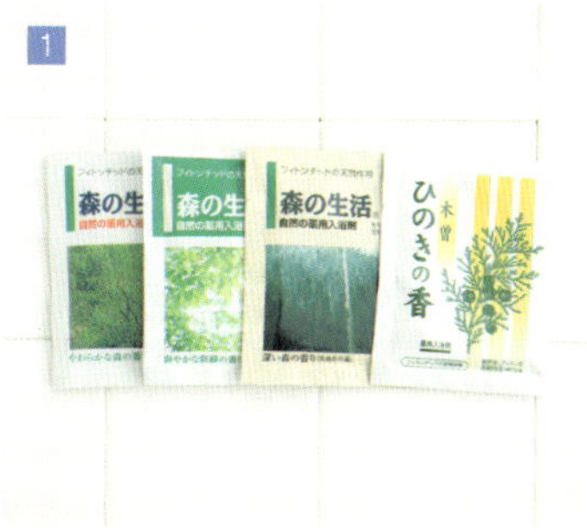

1 森林浴効果を生むというフィトンチッド（植物成分）に着目した入浴剤。植物成分配合でやさしい肌触り。自然の薬用入浴剤 各6包入り¥945（タジマヤ オービス事業部 ☎03-3802-6051 http://www.tajimaya-orbis.co.jp）

2 国内で農薬を使わず栽培したカミツレ（カモミール）から抽出した、カミツレエキス100%の入浴剤。冷えや疲れを取り、美肌効果もバツグン。華密恋薬用入浴剤 400ml ¥2,310 ／ 50ml ¥315（カミツレ研究所 ☎0120-57-8320 http://www.kamitsure.co.jp）

3 黒文字、檜など日本の森の香りに加え、柚子湯、小夏湯など日本で古くから愛される季節湯を思わせる7つの香り。湯の花成分配合で、美肌効果も。森の7 days bath 7種入り¥2,100（正プラス ☎0577-68-3088 http://yuica.com）

リラックスした状態で美髪のため頭皮ケア。

バスタイムは大切な美容タイム。最近のお気に入りは、この頭皮クレンジング。シャンプー前に頭皮をマッサージして、髪を育てる土壌を健やかに保ちます。大人のダイエットは、カラダだけでなく肌も髪もトータルにケアすることが大切なんです。

余分な皮脂や汚れを取り去き、育毛効果を高めて健やかな髪に。
ルプルプ頭皮クレンジングジェル 150ml ¥3,045 イマージュJC ☎0120-6262-14 http://www.626214.com

ちょいノリ

ちょいノリさんは、最低でも１種類。毎日の習慣にしてください。ラクに鍛えたい人ほど、お風呂効果を利用しない手はないのです。

がちモード

美浴サイズを全種類、毎日の習慣にしましょう。すべて５分以内でOK。続けているといつのまにか筋力アップしているはず。

血行、冷え改善にも効果大！極楽、美浴サイズ。

お湯の温度・水圧・浮力を利用して行うエクササイズは負荷がかかるので、筋肉を支配する神経が刺激され、シェイプ&ストレッチ効果倍増。お湯で温まることにより、心臓に送り出される血流が通常の1.5倍ともいわれ、細胞の再生や老廃物排出にも◎。また水圧を肌で直に感じることで、ホルモン分泌も活性化します。つまりこの時間をダイエットに活用すれば、２週間後、１ヵ月後、１年後には大きな差に。毎日気持ち良く、リラックス&エクササイズに励みましょう。

MINI COLUMN

温度&蒸気を利用して目の疲れを改善！

入浴中は、目頭とこめかみをぐりぐり。目のまわりの血行をよくする、ツボ押しをしています。目の疲れは自律神経の働きに悪影響を与えるうえ、頭までボーッとして、ダイエット意欲も減退。入浴中は温度&蒸気の作用もあり、ちょっとしたマッサージ&呼吸法でも効果は倍増、リフレッシュできます。

マイクロバブルバスでデトックスを促進！

我が家のお風呂に、マイクロバブルバスを導入しました。マイクロバブルには、毛穴の奥の汚れまで落ちるとか、マッサージ効果、血行促進効果もあるそうで、通常の泡風呂よりもデトックス効果大！ というわけで、早速取り入れてみたのですが、せっかくなら体だけじゃなく、顔にも生かせないかと……。シュノーケルをつけて潜っています（笑）。

ピルプワーク マイクロバブルバス ☎ 0120-88-3203 http://plpwork.co.jp

足首グルグルでむくみ&冷え解消

外反母趾改善、腰痛にも◎。

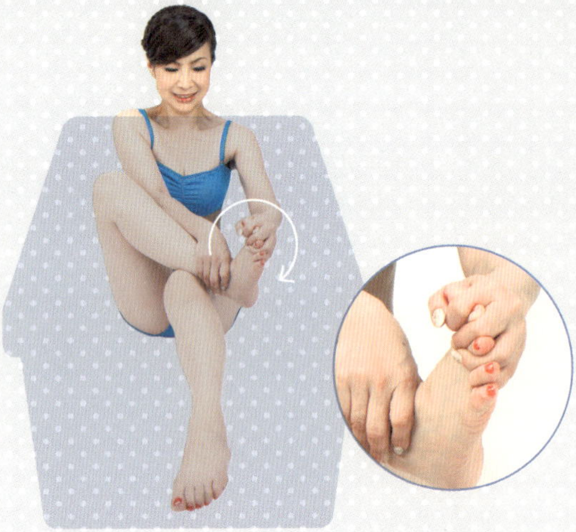

手の指を足指にからませ、左右5回ずつグルグル回します。高いヒールを履いた日など足が疲れている日は多めに、10回程度が効果的。

手首ぶらぶらでリフレッシュ

腎臓を刺激しホルモン改善、呼吸器にも作用。

1

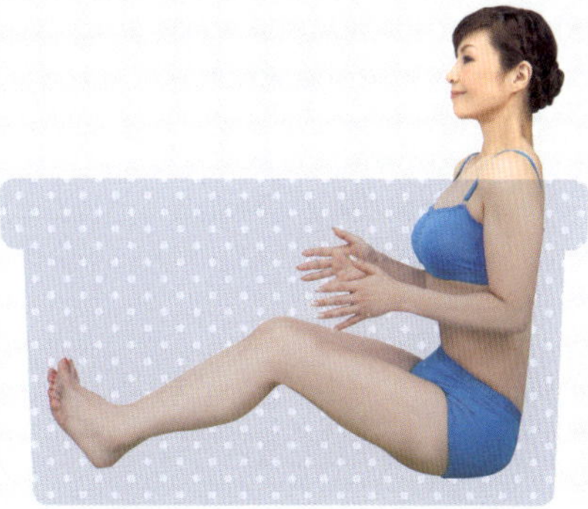

お湯に浸かりながら脚を伸ばし、小さく前へならえします。

2

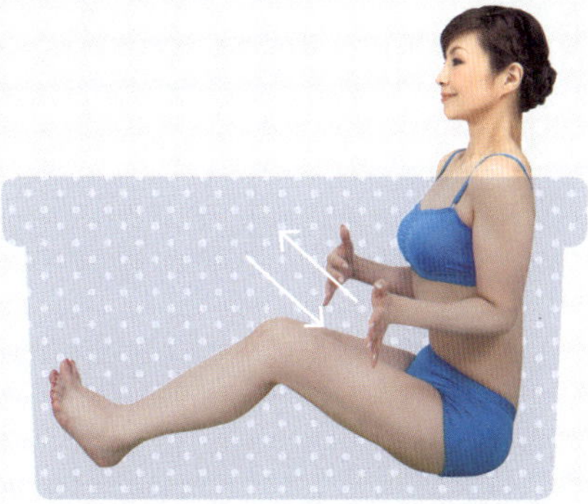

ヒジを脇につけて、手首を左右にぶらぶらと振ります。この間は普通に呼吸してOK。

ウエストひねりで贅肉すっきり

新陳代謝アップ、二日酔いにも。

1

浴槽の中で、お湯に浸かって正座します。慣れてくれば、足の指を立てるとなお効果大！

2

息を吐きながら5秒で体を左にひねり、息を止めて3秒キープ。次にまた5秒、鼻で息を吸いながら元に戻ります。

3

同じ要領で、また5秒で息を吐きながら右にひねり3秒キープ。息を吸いながら5秒で元に戻ります。

愛しいカラダを作るために
お風呂上がりのボディケア。

大人のダイエットで気をつけたいのが、体重減少によるシワやボディラインのたるみ。だからエクササイズや食事プログラムだけではダメなんです。お風呂上がりには、ボディクリーム＆マッサージで肌を引き締めながら、カラダを優しくいたわりましょう。特に、見た目の老化が表れやすい、バスト、太ももとヒップの境目、二の腕はしっかり念入りに。美しいボディラインを自分で作るなら、マッサージによる毎日のお手入れが欠かせません！

お尻&もものたるみ解消

太ももとお尻の境目のシワを予防してヒップをアップ!

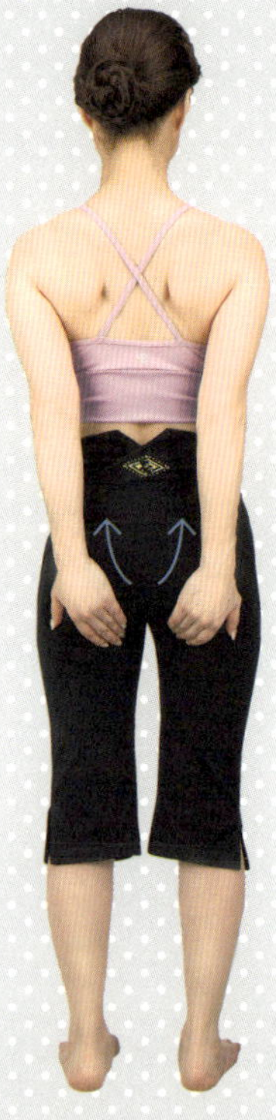

両手でお尻と太ももの境目部分の肉を持ち上げるように下から上へマッサージします。

お尻の丸みも持ち上げる感じで腰骨まで、下から上へ肉を持ち上げます。反対側の脚も同じ要領で行います。

腰骨の下から、手をすべらせるようにしてお尻と太ももの境目部分の肉を、太もも内側に押し込みます。

二の腕ケアでふりそで予防

二の腕の滞りをほぐして、引き締まった腕に。

1

片腕を伸ばして手のひらを前方に向け、もう片方の手で手首をつかみます。

2

伸ばした腕は腕全体でバイバイするように回しながら、もう片方の手で伸ばした腕を手首から上へ、逆方向へのひねりを加えつつマッサージします。反対側の腕も同じ要領で行います。

バストアップ&たるみ防止

上がれ、上がれと念じながら美乳マッサージ。

1

バストケアでは、マッサージ中「上がれ上がれ」と念じながら行いましょう！まず最初は、ヒジから脇に向け、下から上に二の腕の肉を集めます。

2

集めた肉をいったん脇でとめます。

3

止めた部分で手を替え、もう片方の手で脇を押さえながら、バストの下を半円を描いて胸の中心までマッサージし、胸中央のだん中のツボを刺激。

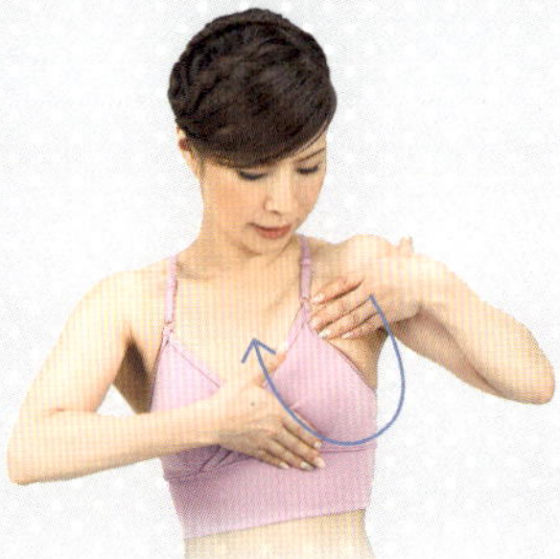

4

反対側の脇にも片手を添え、8の字を描くようにバストの上から下→中央→反対側のバスト上を通って反対側の脇までバストを持ち上げるようにマッサージ。

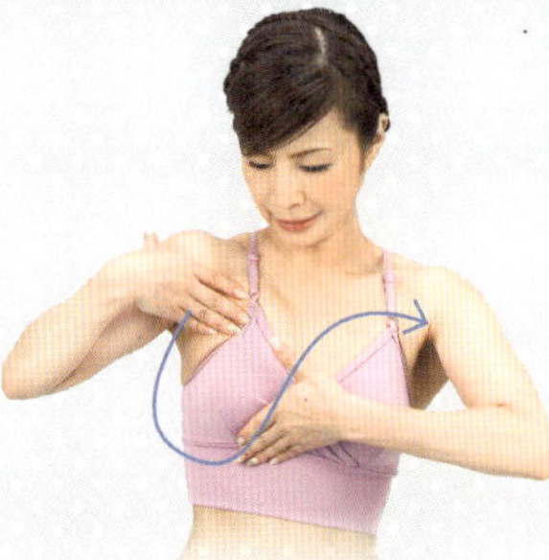

カラダ磨きのベストパートナー
シルクのお気に入りボディケア・アイテム。

「引き締めたいお腹や二の腕、太ももには(A)。(B)は女性ホルモンUPのグレープフルーツの香り、全身の保湿に使っています。バストケアには、バスト専用のローション(C)。ハリと弾力が出てバストのキープ&アップに欠かせません。(D)はいろんな薬草が入っていて、気持ちいいんです」

ボディケアコスメは、バスト、背中、脚などパーツ別に、引き締めるケアとうるおすケアに分けて使っています。いろいろ使うのは面倒だと思うかもしれませんが、ボディケア製品それぞれに香りや成分の違いがあって、マッサージが楽しみになります。少しずつ使うから長持ちして、贅沢気分も味わえますよ。

A 気になる部分をすっきり、スリムな引き締まったボディラインに整えるボディ用スリミングクリーム。ダブル マンスール 200ml ¥9,450 ／ B うるおいを与えて保湿、若々しい肌に導くボディ用エイジングクリーム。ロング ヴィー コー 200ml ¥9,450（ともにギノージャパン☎03-3400-6444 http://www.guinot.co.jp） ／ C バストの皮膚にうるおいとハリ、ツヤを与え、キメを整える。ジュナティック セイノ バスト トーニングローション 200ml ¥5,775（エル・インターナショナル☎0120-66-7251 http://www.elle-international.co.jp ／ D 天然ハーブのパワーで引き締め効果を発揮。スリムジェル 50ml\10,500☎0120-46-7270 http://www.pieras.co.jp/slimgel

「(H)と(I)は足専用のケア・アイテム。ジェルは、冬場に足の片方だけ皮がめくれたりする人に絶対におすすめです。(J)は主に背中にスプレーしています。温泉水が疲れた肌をすばやくリペアしてくれます。足の裏、甲には(K)。よく伸びて、保湿もバッチリです」

「(E、F)ジンジャーライムの香りのボディローションとオイル。すごくいい香りで、幸せな気分になります。お風呂上りのカラダにオイルを塗れば、つるつる、しっとり。(G)はサンショウ成分入り、朝用の引き締めボディ美容液です」

H かかとやひじ、指先などにうるおいを与え、しっとり滑らかに保つ。エムテレサ 25g ¥2,730 ／ I ラベンダー、ユーカリなどのエッセンシャルオイル配合で、足を清潔に保つ足専用ジェル。ジェイダルク 30g ¥2,940（ともにリフレプロ ☎06-6262-0100 http://www.reflepro.com）／ J 下湯原温泉の源泉をイオン濃縮で5倍に濃縮したスキンローション。うるおい肌水 120ml ¥1,260（真庭商工会湯原支所特産品開発運営委員会☎0867-62-2174 http://www.onsensui.net ／ K 14種の秘伝のオイルを配合した、イスラエル生まれのフットケアバーム。さわやかな清涼感。ガミラシークレット 100ml ¥3,465（シービック☎03-5414-0841 http://www.gamilasecret.jp）

E ホホバオイル、ジンジャー精油などオーガニック植物オイルで肌がうるおう。ボディローション ジンジャーライム 200ml ¥3,990 ／ F 乾燥した肌に元気を与え、肌をいたわる。ボディオイル ジンジャーライム 200ml ¥2,940（ともにプリマヴェーラオーガニックライフトウキョウ☎03-5469-9068 http://www.primavera-japan.jp）／ G カホクザンショウ果皮エキス配合、脂肪を燃焼するスリミング美容液。エランシル セル／R 100ml ¥5,250（ピエールファーブルデルモコスメティックジャポン☎03-5411-7639 http://www.elancyl.jp

シルクの
がちモードな1日

普段の生活は、だいたいこんな感じです。

ダイエットに対しても美容に対しても、マニアック&ストイックに取り組みたい私の場合、生活の基本は“がちモード”。
朝のストレッチと夜の有酸素運動は、メニューを決めて必ずこなします。空き時間にさっとジムに立ち寄れるように、車の中にはいつもトレーニングウエアを常備。週2回、40分程度のジョギングも欠かしません。掃除や洗濯の間にも、ちょこっとトレーニング。アンチエイジング世代のダイエットは、ただ体重を減らすだけでなく、カラダの芯となる「体幹」を鍛え、ほどよい筋肉をつけることが大事。老化はまず、筋肉の衰えからきます。
そして、老けないカラダのベースとなるのが、食。
野菜ソムリエの資格を取り、お料理を作るのも大好き。だから、食事の基本は自炊です。レインボーフードを意識して、1日の食事の中でなるべくいろいろな種類の食材を摂り、カラダがよろこぶものをバランスよく食べることを大切にしています。

1

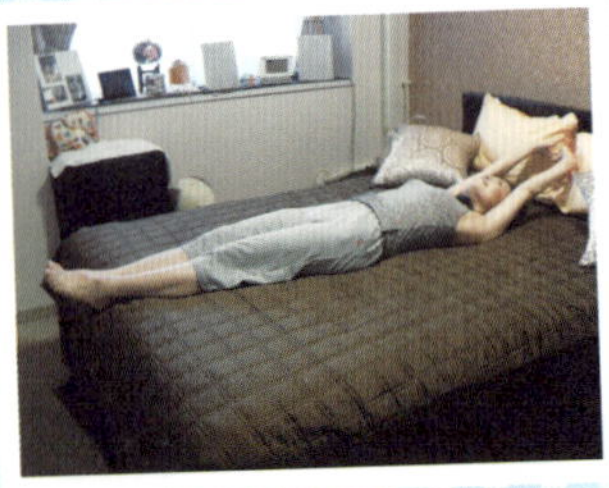

ベッドの中で目がさめたら、簡単ストレッチ。深呼吸をして、しっかり筋肉を伸ばします。その後、起き上がりストレッチを。

5

紫外線対策のためにも、ジョギングは夕方から夜にかけて。日焼け止めをしっかり塗って、時にはマスクをして走ることも。

6

お風呂で美浴トレーニング、マッサージ&ボディケアの後は、毎晩3種類の歯ブラシを使って5分以上歯磨きをします。

7

眠るときは夏でも冬でもマスク&手袋は必須アイテム。乾燥から肌を守り、自分の息で保湿効果もばっちり。

2

朝は白湯を1杯、そのあと野菜＆フルーツジュースを飲みます。肌状態や体調を考え、いろんな食材でアレンジしています。

3

朝ジュースを飲んだら、軽く筋トレ＆ストレッチ。ジムにも行きますが、私のカラダ作りの基本は自宅トレ。

4

お掃除タイムを利用して、簡単トレ。掃除機をかけながら、下半身のひきしめ＆二の腕と背中も鍛えています。

雨の日や外に出たくない夜のお気に入りトレーニング・グッズ。

遅く帰った日や雨のときのエクササイズには、こんなトレーニング・グッズを使っています。
外出先から帰ってきたとき、いったん落ち着いてしまうと動きたくなくなるもの。だから服を脱いだら座る前に、10分だけと決めてこれでトレーニングするんです。習慣になって、やらないと気持ち悪いなと思えればしめたもの。
お気に入りの道具があれば、モチベーションアップにも効果的。トレーニングの習慣作りに役立ちますよ。

外で走らない日はステップボードを利用。有酸素運動のためのトレーニング・グッズです。

ストレッチングボードは無理なく筋肉を伸ばしてくれる、ストレッチ用のグッズ。

シルクの
ちょいノリな1日

ゆる～い日を楽しむ気持ちも大切です。

地方でのイベントが続くと自炊ができず、外食が続くこともあります。ロケ弁当を食べたり、深夜にみんなで外食をしたり。自分で作るごはんと違って、レインボーフードを意識することも難しい。不規則な生活で睡眠不足になることも仕事柄しょうがないかなと思っています。でも、そんな“ちょいノリ”な日もダイエットには大切なスパイス。
テレビの撮影現場には若い人が多いので、幸せホルモンアップには絶好の場所。揚げ物中心のロケ弁当もプラスαの智恵でおいしくいただきます。

1

ホテル暮らしだと朝ジュースが飲めないこともあります。そんなときは豆乳とバナナを買ってきて、朝ごはんにします。

5

日々のトレーニングの成果を見てほしいから、みんなの前で水着になることも大事なイベント。しっかり日焼け止め対策をして、友人の遥洋子ちゃんとホテルのプールへ。

6

おやつタイムに和菓子。甘いものを我慢してイライラするより、大好きなものを食べて心を元気にする時間も必要です。

7

撮影が長引き、食事ができないこともあります。そんなときロケバスの中で食べられるよう、アーモンドや小魚ミックスはいつも持ち歩いています。

2

ロケ弁当では、レインボーフードを食べられないこともしばしば。揚げ物ばかりにならないよう、コンビニでおひたしやサラダを一品プラスします。

3

若い男性の手を握ると細胞が活性化、女性ホルモンがアップするそう。撮影でいっしょになった、「NON STYLE」石田君の手をぎゅっ！

4

忙しくて野菜＆フルーツジュースを作る時間もない朝は、酵素ドリンクを飲んでいます。

8

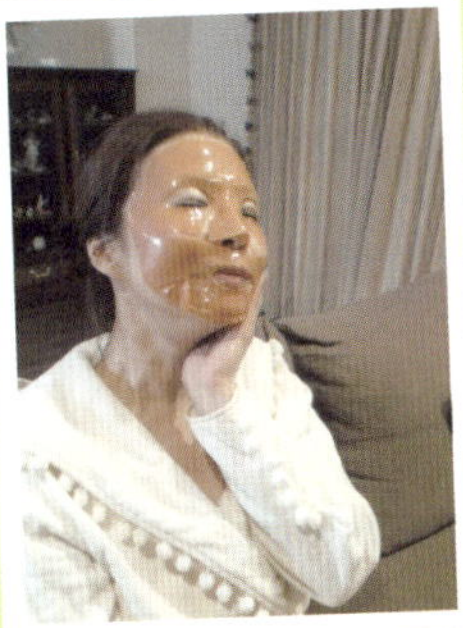

ちょいノリなゆる～い日も、スキンケアはしっかり。TVを見ながら、ストレッチをしながら天然五色黄土パック。

9

長時間パソコンに向き合っていると、ついつい姿勢が悪くなりますが、そんなときはヨガボールを背中に当てます。気持ちいいなと思う場所に、ボールを挟んでみてください。

ちょいノリな日を助けてくれる、冷蔵庫の中身を公開。

ひじき豆などの常備菜、納豆、キムチ、ぬか漬などの発酵食はいつでもさっと食べられるように、冷蔵庫に入れてあります。レインボーフードを意識してからは、野菜ソースも作り置きするようにしています。トマト４個、味噌大５, オリーブオイル大３、醤油大1/2を混ぜた、オリジナルのトマトソース“トマトミソース”を作り、冷蔵庫にストック。茹で野菜にかけたり、パスタにも使えて便利ですよ。

朝ジュースのためのフルーツと野菜も欠かさず冷蔵庫に入っています。

時短・効率アップで効果倍増!

美顔筋トレ 最新バージョン

毎日続けているシルク流美顔筋トレ。1度で2つの顔筋を鍛える時短・効率アップで、忙しいときでも手軽にできるよう進化しました。朝と夜、スキンケア後にしっかり顔筋も動かして、血流やリンパの流れを改善しましょう。表情筋を鍛えることで肌の土台を底上げすれば、くすみ、たるみの解消や、小じわ、ほうれい線予防など、その恩恵ははかり知れません。1日5分で1年後に大きな変化、数年後には若顔が手に入りますよ!

アゴのたるみ予防&頬筋アップ

下唇スライド&斜め目線トレ

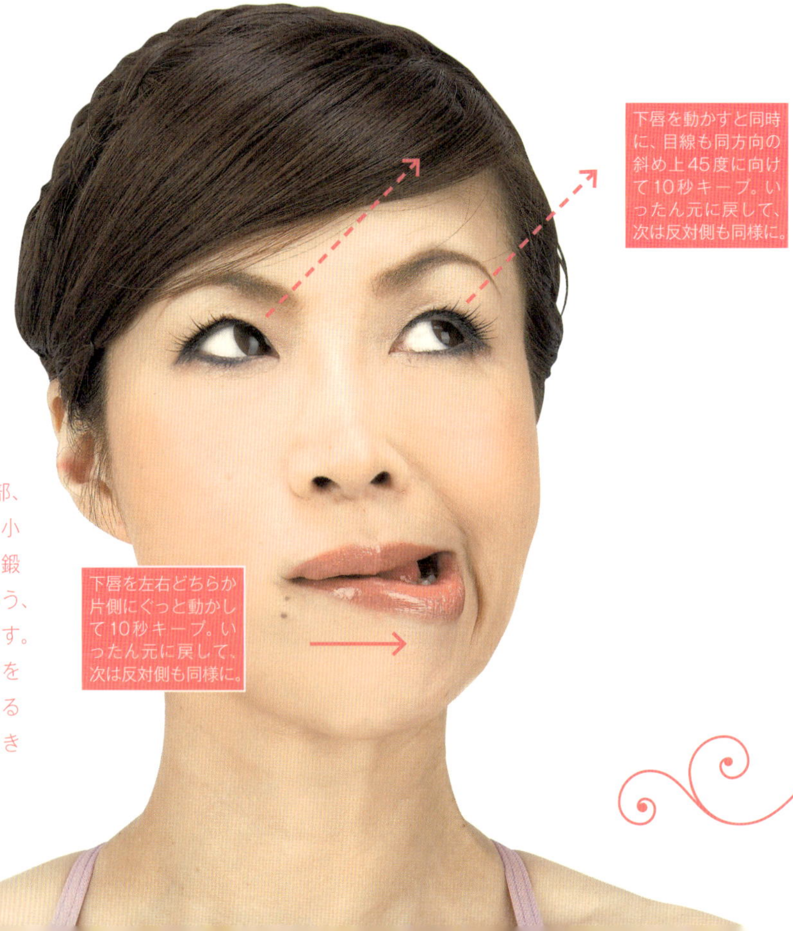

下唇を動かすと同時に、目線も同方向の斜め上45度に向けて10秒キープ。いったん元に戻して、次は反対側も同様に。
下唇を左右どちらか片側にぐっと動かして10秒キープ。いったん元に戻して、次は反対側も同様に。

1度で顔の上部と下部、具体的には大頬骨筋、小頬骨筋、口筋、笑筋を鍛えることができるという、最新のW美顔筋トレです。コツは下唇と目線だけを動かすこと。アゴのたるみを予防し輪郭もすっきりシェイプされます。

首筋のシワ予防

首伸ばし&目線トレ

胸鎖乳突筋、斜角筋という首筋の筋肉を動かすことによって、年齢が出やすい首のシワを伸ばし、いつまでも細く長いすっきりした首を保ちましょう。トレーニングを始める前に、優しく首筋をもんでおき、ゆっくり動くことが大切。

1

最初に首の脇の筋肉、胸鎖乳突筋を軽くもんでおきます。

2

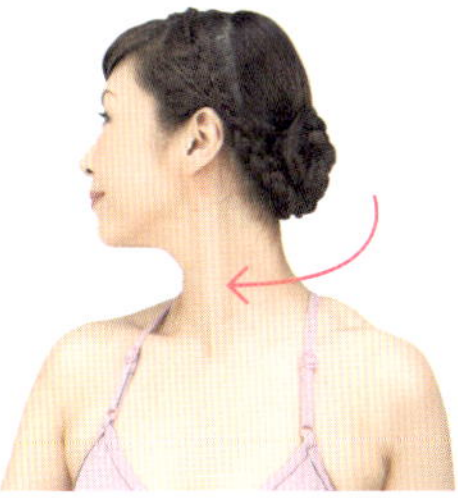

まず１度目は、首を横に回しながら目線もそれに合わせて横へ、流し目風に。回せるところまで首を回します。

3

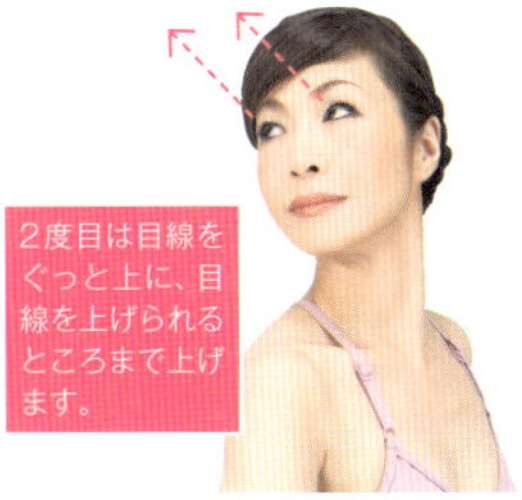
2度目は目線をぐっと上に、目線を上げられるところまで上げます。

２度目は、目線を斜め上に。首を回せるところまで回します。反対側も同様に行います。

目の下の老化&ほうれい線予防

まぶしい目&Oの口トレ

この美顔筋トレでは、目の下とほうれい線の表情ジワを解消するとともに、くすみも改善！　眉を上げる動作で、普段はあまり動かさない周辺筋肉が鍛えられ、目のまわりの血行を改善。目の疲れにも効果的です。この筋トレは、必ず右の筋トレの後で行いましょう。

指を目尻に当て、目は斜め上45度を見ます。そのまま太陽を直視するようなまぶしい目をして10秒キープ。
口はOの字に大きく開き、そのまま10秒キープ。これでほうれい線を伸ばす！

シルクのダイエットヒストリー

ダイエットとは生活のすべて。この悟りで私の新しい人生の幕が開きました。

私のダイエット人生は、30代半ばから始まります。それまでは漫才師だからこれでいいのだと、美容にも食事にもまったく無頓着。仕事や遊びで午前3時まで、食べたり飲んだりが当たり前の不規則な生活。ジャンクフードもファストフードもなんでもありの食事。栄養バランスも、筋トレも、その頃の私には無縁の世界でした。さらに漫才の相方を若くして亡くしてからは、底なしのストレスで部屋にこもり体重が増加。気がつけば自分史上最高、１５９㎝で59kgになっていました。

その頃に、ＮＹから来ていたある留学生の女の子に出会います。彼女と仲良くなって1年間のＮＹ滞在を決意。しばらく現地で一緒に暮らしたのですが、彼女はスリムでとてもキレイな女性なのに、私よりずっとカラダに気を使い、美を保つため毎日努力していました。マーケットにいけば、いろんな色の野菜を選ぶ。毎日のランニングやエクササイズも欠かさない。そんな彼女に触発され、憧れのセントラルパークでランニングを始め、すっかりランニングにはまります。美顔筋トレやサルサ教室にも通い、食事にも気をつけるようになって、1年後の帰国時には10kgやせていました。でもダイエットストーリーは、ここで終わりではないのです。実はここがスタート地点。

学生時代は１年間ロンドンに留学。パンクにハマって前髪を赤に。太ってはいないものの、コンプレックスだらけで、美容にも関心がありませんでした。

帰国後は、さらにランニングを欠かさず、毎日5～10㎞は走る。カロリーさえ低ければと、ごはんを食べずにこんにゃくばかり食べたり。その結果44㎏まで体重は落ちたのですが、無理のないようじっくり落としていたつもりが、ラスト2～3㎏あたりから調子がおかしくなります。筋トレしていないからバストのサイズが2まわりも小さくなり、生理も3ヵ月に1度。便秘や冬場の手足の冷えも解消されないまま。そこではじめて、単にやせるだけではいけないということに気づくのです。まわりからもやり過ぎだ、食べなきゃと言われ、結局リバウンド。

そこからなのです。私が本当の本気になったのは。美のための食事、生活とは？　と追求するうちにわかってきたのが、食べないのではなく、食べても太りにくく、やせやすいカラダを作ればいいんだ！　ということ。野菜、果物を補う朝のジュースをはじめ、タンパク質や間食も見直し、知識的にも感覚的にもカラダが気持ちいい食生活がわかりはじめます。また週に何十㎞も走らなくても、適度な有酸素運動、筋トレ、ストレッチを毎日しているだけで、女性らしいバストをキープしながら、やせたい部分だけやせて、肌もずっと良い状態に。そして気がつけばこのような生活のすべてが、私の日常になっていたのです。

1 これはNYに渡る直前。人生でMAXに太っていた時期。

2 NYマラソンを始め、マラソン大会にも出場し、ランニングに一番ハマっていた時期。体重はぐっと落ちたけれど、胸がない！

3 無理なダイエットで44kgまでやせましたが、筋トレもまだ知らず、バストはペッタンコ、でも太ももはやせていない……。

4 リバウンド期。気が緩んでカラダもゆるゆるの52kgに。ジムには通っていたものの、筋肉を意識せずに漫然とトレーニングしていたころ。

5 本当の美ダイエットに目覚め、人生が一変！キレイになる過程が楽しくて、自作のカレンダー、べっぴん塾と、どんどん自分を解放しハッピー人生がスタート。

Part.3

Find out the True You.

Listen to Your Heart.

リバウンドしないための、心のケア。

ストレスこそダイエットを妨げ、リバウンドを招く大きな要因。
ストレスと上手につき合うコツを覚えましょう。

Know Your Stress.

ストレスとつき合う方法。

ダイエットの一番の敵はダイエットストレスです。

ある医師の話によれば、「ダイエットの一番の成功法は、ダイエットしようと思わないこと」ですって。それほどダイエットストレスが、ダイエットの大きな妨げになるということ。今よりもっと気持ちいい自分になるためにダイエットするのに、ストレスフルでリバウンドするなんて本当にナンセンス。

まずは、今よりもっと気持ちのいい自分をイメージしてみましょう。それには今の自分をしっかり見つめる必要があります。16ページのダイエット診断はそのためのもの。あなたは今の自分の何がイヤで、やせたいのでしょう？　その理由が明確でなければ、理想の自分も見えません。またダイエットしたから幸せになるわけでも、何もかも上手くいくようになるわけでもありません。毎日が徐々に気持ちよくなって、続ければ続けるほどもっと自分が好きになる。そんなダイエットが本書の目的です。だから今あなたをガチガチに縛っている、「これをしなくちゃ」「こんな自分じゃダメ」という思い込みから、自分を解放しましょう。

さらに自分の中で抑圧している感情に向き合うだけで、ストレスは軽減するといわれています。また「〜しなければならない」が「〜したい！」に変わるだけでも低減するとか。義務ではなく「どんな自分になるんだろう！」とワクワクしながらするのが、ダイエット成功の秘訣！　とはいえ、「面倒だな」とか「今日はイヤだな」とか思う日も当然あります。そういうとき「頑張りが足りない」と思ってはダメ。マイナスの事態も先に想定しておくんです。陥りやすいマイナスの感情を計算に入れておくと、そんな日も「はいはい、来ましたよ」と受け流せます。少しくらい停滞期があっても、1日くらい気が緩んで食べてもいい。自分を責めず、失敗を許すことが大切。そもそも「失敗した」と思うのは、これまで頑張ってきた証拠。行動を起こせば失敗はつきものです。落ち込むより「明日はきっと」と考えるほうが、よっぽど建設的。〝小さな目標を焦らず徐々にクリア〟が必須の心構えなのです。

まずストレスの原因を知りましょう。

「フォーカシング」メソッドで、自分の中に抑圧している感情と向き合い、ストレスを形にしてみましょう。

心理学で「フォーカシング」と呼ばれる手法でストレスに焦点をあて、抑圧していた感情を優しく解放する訓練をしましょう。心の奥底のもやもやした感情を言葉やイメージで表現するだけでも、不思議なほど心がグッと楽になります。その後は「あ、だったらこうすればいいんだ」という対処法も見つけやすくなりますよ。

1. 心の中にモヤモヤする、なんだか重苦しい感覚があるなら、リラックスした服装と姿勢でイスに座り、まずゆっくり呼吸しましょう。

2. 何か感情（腹立たしいことなど）が湧いてきた、その感情にさらに意識を向けます。そしてネガティブな感情が溜まりやすい喉・胸・胃・下腹を中心に、その箇所に意識を向けて手を当てます。

3. 苦しい箇所にまず「こんにちは」と声をかけ、その苦しい感覚を言葉で表現してみましょう（例：胸がざわざわ、シクシク、ぎゅんぎゅん……etc.）。さらに「どんな色？　形は？　重い？　軽い？」と声をかけ、頭でイメージしてみます。

4. 考えれば考えるほど、その形や重さが大きくなってもOK。何もわからずモヤモヤするより、形になって出てくればしめたもの。今度はその感覚に「仕事ストレスさん」「未来不安さん」「彼氏不信さん」など、名前をつけてみましょう。そしてその感覚に向かって「あなたはどうして私の中にいるの？」と問いかけます。ネガティブな感情にも必ず意味があるんです。

5. 形や色などがイメージで出てきたり、思いが溢れてきても抑え込まずに思い切って表に出しましょう。発熱するような感覚がある場合も。でも、そんな実感が大事なのです。恐れずに「出てきてもOK」と、ネガティブな感情を許して受け入れる感覚を覚えましょう。

6. その感情があることに意味があれば「これからもよろしく」と伝え、もうお別れできそうなら「ありがとう。もういなくても大丈夫」と伝えて終わりにします。抑えていた感情に意識を向け、「実はこんなことが気になってたのか」と気づけば、感情が解放されて整理がつき、それだけでストレスが軽減するといわれています。終わったら、その感情に「今まで目を向けずに、ごめんね」と心の中で声をかけましょう。ストレス解消とまではいかなくても、感情に整理をつけることができます。

Releasing Your Stress.

シルク流ストレス解消法。

我慢するのではなく、トキメキ力でストレス撃退！

人が成長するうえで、ストレスはなくてはならないもの。でも、ストレスは原因がわかると半分は消え、さらに対処法も見えてきます。「フォーカシング」でストレスをイメージする習慣をつけると、早く対処できるようになるんです。大人になるほどストレスが数珠つなぎに出てきて、苦しい場合もあるけれど、これを覚えておくと、ダイエット後の人生でも自分を助けてくれる方法になりますよ。

このほか具体的なストレス対処法として、トキメキ力を磨くことも大事です。ほんの5分、目の前の現実から気持ちをそらすと、案外簡単に気分転換できます。美しいものやウキウキすることに心を集中させる、あるいはいつもと違うことを5分間やってみるだけでも、人って気分がガラリと変わるんです。また、欲望と欲望を戦わせる方法も有効。

たとえば、食後のデザートに生クリームたっぷりのケーキが食べたい、という欲望がわいたとします。でも食後だから、ここでにんじんが出ても食べたいとは思わない。つまりカラダに必要な食欲ではなく、習慣的な脳からの要求です。こんなとき、未来の理想の自分を妄想するのも手。私はケータイに太っている自分の水着写真を入れておき、こんな場合に見てました。相変わらず今のままでいる自分と、キレイになって喜んでいる自分の姿を思い浮かべ、絶対やせたい！ キレイになりたい！ という美欲と食欲を戦わせるのです。

愛するダーリンや、好きなアイドルの写真でもOK。スリムになったら……という〝未来妄想〟を武器に、ただ我慢して抑え込むのではなく戦うことが大事。今やっていることが無意味に思えてきたときも、未来妄想で理想の自分の姿を思い浮かべるイメトレが効果的です。「今、私は自分のカラダを大事にしている。だからダイエットしているんだ」と考えると、気持ちが変わります。そして自分のカラダを大事にしていれば、他のこともきっと上手くいく。そう、ダイエットは、未来の自分のために行うものなのですから。

ストレスと上手につき合う、解決法。

ペットでも疑似恋愛でもOK。トキメキ力をアップ!

女性ホルモンを司る脳の部位を活性化させるには、トキメキが一番有効です。身近な誰かでもいいので若い異性の手を握るだけで、細胞が活性化するとか。

ダンスを若い男性に習うのもいいし、韓流スターとの疑似恋愛でもOK。飽きれば、どんどん乗り換えればいいんです（笑）。また、子どもやペットを抱きしめると、オキシトシンという幸せホルモンが出るそう。抱きしめホルモンともいわれ、ストレス解消に有効だと実証されているんです。私の場合は、今は天国に行ってしまった愛犬のモカに、たくさんの幸せホルモンを与えてもらいました。

ストレスを涙で洗い流す 週末号泣のススメ。

「思いきり涙を流す」というのもストレス解消に効果大。感情を揺さぶるには、音よりも視覚が早いとか。だから映画のDVDがおすすめ。ストレス大で、このままではダイエットを挫折しそう……、なんてときは感情移入できそうなタイトルを選び、部屋を暗くして、1人どっぷりハマって思いきり泣きましょう。お子さんがいる人は、ご近所か実家に預け、とにかく制限なしに泣くこと。土曜日に思いきり泣いて、溜まっていたものを涙で外に出すと、驚くほどスッキリ。そのあとぐっすり眠れば、生まれ変わった気分になれますよ。

ストレスを忘れる 5分メソッド。

ダイエットも仕事も家事も、何もかも忘れて、5分ほどボーッと月を眺めてみましょう。あるいは耳だけに意識を集中し、風の音を聴いてみる。目の前の現実を離れ、普段はあまり意識しない事柄に集中すると、働いていなかった脳の部位が活性化。これがストレス解消に有効なんです。気分が入れ替わり、脳が元気になるとモチベーションも上がります。また、5分早く家を出て、いつもとは違う道を歩いて通勤してみる。右利きの人なら左手で歯を磨く。こんなことでも、脳って活性化するんですよ。

モチベーションUPに未来の自分を妄想。

ダイエットストレスは、目標設定が高く、そのわりに目的意識が弱いと起こりがち。絶対やせたい！　やせてやる!!　という強い決意と、それを決意したシーン、たとえば「ジーンズをはこうとしたらボタンが飛んだ」「ショーウィンドウに映る自分にショックを受けた」など、その瞬間の衝撃が大きいほど決意と目的意識も強い。ただ漠然と「やせたいな～」という人は、その分ストレスに弱く、モチベーションも低くなりがちです。モチベーションUPにも妄想力を活用しましょう。今よりキレイになった自分を思い浮かべて、自分を奮い立たせるのです。邪念に打ち勝ち、自分の望みを叶えるには、未来妄想が武器になると思います。

What Is Good Sleep?

ダイエットのための快眠の法則。

良い睡眠を得るために、「眠りモード」を作りましょう。

眠りとダイエットには深い関係があります。若返りホルモンとも呼ばれる成長ホルモンは、午後10時〜午前2時の間に分泌するといわれ、この時間帯に睡眠をとるのが美肌にもダイエットにもベストなのは言うまでもありません。副交感神経が優位になり、カラダと脳がリラックスモードになるこのときこそ、美が作られる時間帯。老廃物の排出や細胞の再生を促し、疲労を修復し、明日も1日元気に過ごすためにエネルギーを蓄える、大切な時間なのです。

とはいえ、仕事や家事、子育てに忙しい女性たちは、慢性的に睡眠不足気味。また眠っているつもりでも睡眠が浅く、脳が休めていなければ、カラダの疲れも回復しません。翌朝も疲れが残り、頭もカラダもだるい1日に。美を作るには、睡眠の質も大切。まずダイエット的にも、食後から2時間は時間をおいて眠りにつきましょう。内臓が活発に活動している状態では、良い眠りは得られません。寝る前のパソコンやテレビも脳に興奮作用を与えるので、眠りに入る1時間前までに控えるのがベスト。さらに10分前には、読書もやめ、音楽も照明もオフ。視覚と聴覚を休ませ「眠りモード」の準備を整えます。

ついいろんな思考が頭をよぎり、あれこれ考えるうちに眠れなくなることがあります。そこで、夜眠る前に考えていいのは、「今日良かったこと」「悪かったこと」「明日やりたいこと」の3つだけと決めましょう。1つずつ思い浮かべ、眠る前の10分間はこのことだけに思考を集中。すべて挙げ終えたら、「終了!」のサインを脳に送り、電気のスイッチをオフするように思考をやめて眠りへ。最初は切り替えが難しくても、習慣化すると脳が自然と眠りモードになり、スッと眠りに入れるようになります。

そして眠りから、朝起きるときの「お目覚めモード」への切り替えも、実はとても重要。目を開けてから3分の行動で、寝起きが全く違うのです。深い呼吸で体中に酸素を巡らせ、血流を促すことで自律神経の働きがよくなり、1日の活力が大きく変わります。

美を呼ぶ、「眠りモード」の作り方。

眠る前は刺激物を控え飲み物は「快眠ドリンク」を。

やせるためには、眠る2時間前には固形物を控えるのが鉄則。快眠のために神経を休める意味でも、胃腸は休ませるのがベストです。また飲み物も、コーヒー、紅茶など覚醒作用のあるものは避け、リラックス効果のあるハーブティーなどがおすすめ。私には「眠れない夜のためのドリンク」と名づけている、とっておきのレシピがあるんですが、リラックス効果が高く、ぐっすり眠れますよ。

●アップルワインティー

リンゴ(皮つき)スライス2枚/カモミール(ティーバッグ)/水150ml/白ワイン50ml/はちみつ少々

カモミール、水、白ワインを沸騰させ、リンゴのスライスとはちみつを入れたカップに注ぎ入れる。

●ハニージンジャー

ショウガ2片/レモン汁小1/はちみつ(または、アガベシロップ)大5/水100cc

ショウガは千切りにする。すべてを鍋に入れて、沸騰させる。

まずお風呂上がりに体をリラックスさせましょう。

お風呂上がりの夜ストレッチは、ダイエット体質になるために必須ですが、眠りの質にも深く関わってきます。筋肉を伸ばして緩めてやることで、脳がリラックスモードだと認識するのです。お風呂上がりのマッサージにも同様の効果があります。手のパワーでカラダに優しく働きかけることで、脳をリラックス気分にさせるわけです。また血流やリンパの滞りをほぐし、流れを良くしておくことで、睡眠中の細胞再生や老廃物排出の働きが良くなり、美を作る睡眠力もアップするんです。

それを口にすればオフになる「魔法の言葉」を決めましょう。

「今日の良かったこと」「悪かったこと」「明日やりたいこと」の3つを考え終わったら思考をオフ。そのときに終了のサインとなる“魔法の言葉”を決めましょう。私は「フィニッシュ！」と言って寝ることに決めています。自分なりの好きな言葉でOK。友人の中には「ウィン ウィン ウィン」とか、「ビクトリー！」に決めている人も(笑)。まぁ、「おしまい」だと、結婚式でもNGワードだし、ハッピーな言葉の方がいいかも。これは一種の暗示作用で、毎日続けていると脳が自動的に眠りモードになるんです。ヒツジを数えるより、よっぽど効きますよ。

上質な眠りのための快適ベッドメイキング。

快眠のために、自分に合う快適な枕にこだわることはとても重要です。固さや高さの好みは人それぞれですが、あまり高いと首のシワや肩こりの原因になるので、おすすめはできません。私のお気に入りは、シルク素材の枕カバーやシーツ。タンパク質の一種で、セリシンという成分が含まれていて、保湿効果があるんです。顔まわりに触れる枕カバーをシルクにするだけでも、翌朝の肌つやが変わるはず。乾燥対策はもちろん、肌触りが気持ちよく、心地よい眠りを導いてくれます。

「お目覚めモード」への切り替えに簡単ストレッチ！

朝、目覚めたら大きく伸びをして深呼吸。これを無意識にやっている人もいるのですが、忙しい現代人は忘れがち。気持ちの良い目覚めには、実はこの動作が大切なんです。そこで、良い「お目覚めモード」に切り替えるため、意識的にストレッチする習慣をつけましょう。この動作で深く呼吸することで、体内に大量の酸素を取り込み、血流も顔色もアップ。一連の動作が自律神経の働きを促し、低血圧にも効果アリです。3分の寝起きストレッチで、1日の気分まで変わり、ひいては快眠にも繋がります。また加齢によって起こりがちな腰痛も防げるので、ぜひ毎日の習慣にしておくことをおすすめします。

ベッドでのびのび

朝目覚めたら、まず筋肉を伸ばしましょう。

両手を頭の上にぐっと伸ばして手を組み合わせ、5秒間息を深く吸います。
そして息を吐きながら体を揺らしてゆらゆら。

ヒザでツイスト

眠っていた筋肉をほぐしてあげましょう。

3

ヒザを反対側に倒したら、顔はまた逆側へ。左右交互に数回繰り返します。

2

両ヒザを左右どちらかに倒し、顔はその反対側へ向けて、緩やかに体をひねります。

1

両手を横に伸ばし、両ヒザを立てます。

起き上がりストレッチ

突然起き上がらず、ゆっくり体を起こします。

1

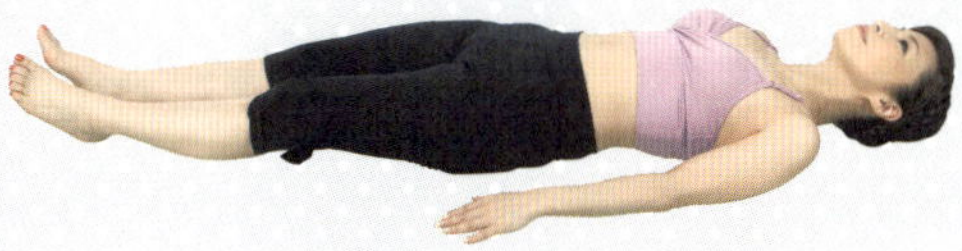

仰向けになります。

2

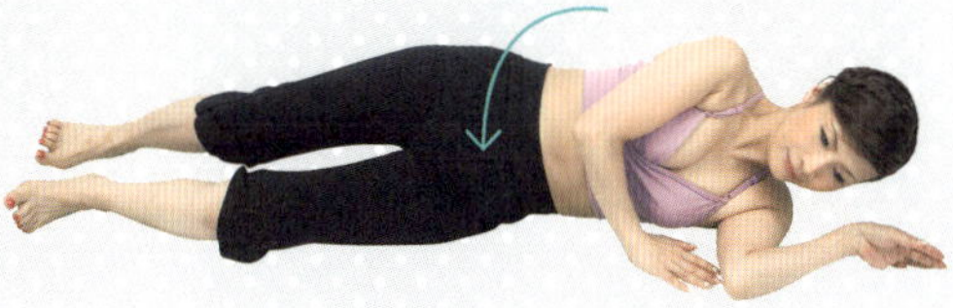

左右どちらかに体勢を倒します。

3

腕の力で上体を持ち上げていきます。

4

下半身はつま先を立て、上体を起こしたらそのまま腰をぐーっと後方に引き、腰の筋肉を伸ばします。

5

そのままゆっくり腕の力で上体を持ち上げていき、正座の姿勢で起きます。

上の起き上がりストレッチがキツイなと感じる人はこちらを

3

上の①～②の動作のあと、そのままの姿勢で、腕の力を使ってゆっくりと上体を起こします。

4

上体が持ち上がったらOK。

ダイエットの本当の目的は、気持ちいいと思える自分に出会うことです。

私が何のためにダイエットを始めたか？　それは、その頃の自分のカラダが好きではなかったからです。人生は自分の意志だけではどうにもなりません。けれど、カラダ作りだけは自分に決定権があります。逆にいえば、意志の力でどうにかできるのは、カラダだけなのです。

シルク流てっぱんダイエットは、いわば究極の自己管理術。なりたい体型になり、それをキープし続けることこそ真のダイエットだと、私は考えています。その成功の秘訣が、毎日気持ちいい自分になること。毎朝気持ちよく目覚め、鏡の中の自分を好きだと思える。もし今のあなたがそうなら、ダイエットする必要などありません。でもそうじゃないなら、本書のメソッドを実践してみてください。

わたしの食習慣の大きな変化は、十数年前にNYで出会った『フィット・フォー・ライフ』（ハーヴィー・ダイアモンド著）という、1冊の書物がきっかけです。人間が本来持っている、自然治癒力を最大限に生かした健康法＝ナチュラルハイジーンについて書かれたものでした。それ以前は、どれだけ不規則な生活でも朝食は食べるべきだと思い込み、無理に食べてました。ところがこの本では、1日24時間を3で割り、カラダの働きに添って食べるべきだと書かれています。午前4時から昼12時は、代謝酵素をきちんと働かせ、食べるより排泄にあてる。夜8時以降は吸収の時間だから、夕食はそれまでにしっかりと食べる。今まで聞かされていた話とは反対の理論に目からウロコ！　自分の体調を考えるとストンと腑に落ち、やっと自分に合う方法に出会えたと思いました。

ダイエットを始めるには、なりたい自分をまず思い描かなければなりません。自分のカラダは自分にしかデザインできない。「どうにかしたいけど、どうすればいいの？」という方は、本書をステップに、できることから始めましょう。あなたのカラダが喜ぶ食べ物を食べ、心地よいと感じる運動をし、心を穏やかにする。そして目覚めたら大好きな自分がいる。そんなあなたに一日でも早く近づくために、この本がひとつのきっかけになれれば幸いです。

この本に協力してくださったみなさま、最後まで読んでくださったあなたに心から感謝いたします。

Beauty is not only about
going on a diet and losing weght.
True beauty is first knowing who you really are,
and second,loving that person.
If my words helped you in any way to find You,
it would be an honor.
Thank you.

Silk

Staff

編集
池上 薫
新井 治

構成
會田 りか子

校正
玄冬書林

宣伝
増井志保
鈴村 恵美

マネージメント
知花 美生

ブックデザイン
楯 まさみ

撮影
表紙・グラビア
ササキ ヨシヒロ

料理・コスメ
清永 洋

エクササイズ
小坂 和義

ヘア&メイク
表紙・グラビア
西山 舞（ルガール）

エクササイズ
石原 千秋

スタイリスト
表紙・グラビア
市井 まゆ

参考文献

『酵素が太らない体をつくる！』
鶴見隆史著　青春出版社

『病気にならない生き方 2 実践編』
新谷弘実著　サンマーク出版

『新ビジュアル食品成分表（新訂版）』
大修館書店

『心のメッセージを聴く 実感が語る心理学』
池見陽著　講談社現代新書

『FIT FOR LIFE』
Harvey and Marilyn Diamond　Grand Central Publishing

衣装協力
ボディーアートジャパン
〒540-0028
大阪府大阪市中央区常盤町1-3-8
☎06-6945-6340

※本書で紹介している商品の価格はすべて税込み価格です。

シルクのべっぴん塾

てっぱん
ダイエット

Beauty Camp 2weeks

2012年10月17日　初版発行

著者
シルク

発行人
岡本昭彦

編集人
森山裕之

発行
ヨシモトブックス
〒160-0022　東京都新宿区新宿5-18-21
☎03-3209-8291

発売
株式会社ワニブックス
〒150-8482　東京都渋谷区恵比寿4-4-9
えびす大黒ビル
☎03-5449-2711

印刷・製本
シナノ書籍印刷株式会社

ISBN 978-4-8470-9104-9

吉本興業
創業100周年

Profile

Silk

シルク

3月31日生まれ、大阪府出身。
大阪外国語大学(現・大阪大学　外国語学部)卒業。
幼なじみのミヤコと漫才コンビ『非常階段』を結成。
1985年「NHK上方漫才コンテスト　最優秀賞」などを
受賞するも、96年相方の死去によりタレントに。
以後テレビ、ラジオで活躍。
2007年から、女性限定の美容イベント『シルクのべっぴん塾』をスタート、
現在は『シルクのべっぴんレッスン』を全国各地で開催する。
独自のダイエット&美容メソッドが、幅広い年齢層の女性から絶大な信頼を得る。
ダイエット検定1級、野菜ソムリエの資格を持つ。
『シルクのべっぴん塾 若顔&美BODY SUPER RECIPE』
『シルクのべっぴん塾 美欲』はシリーズ累計35万部を突破。
シルク流美顔筋トレを映像化した『シルクのDVDべっぴん塾』も発売中。
よしもとの美容番長シルクのブログ
「べっぴん日記」http://silk.laff.jp/

BEAUTY CAMP 2WEEKS

シルクのてっぱんダイエット帳

はじめに

さあ、これから一生、自分の習慣にしたい生活の始まりです！
美を作る食事、理想のカラダになる運動、気持ちいいライフスタイルを、
今日からまず2週間、私と一緒に続けてみましょう。
あなたに本当に必要なのは、「手軽に短期間で10kgやせる」方法ではなく、
少しずつ、心地よく、自分を取り戻す方法。
カラダ作りは、他の誰でもなく自分自身に決定権があります。
鏡に映る自分の姿に不満を感じるなら、今すぐ始めましょう。
「もっとこうしたい」「あんな風になりたい」が、叶うのです。
美ボディ作りは、自分がやるか、やらないかだけの世界。まずは第一歩から。
このノートが全部埋まれば
心もカラダも驚くほど心地よくなっているはずです。
さぁ、みんなでキレイになりましょう。

HOW TO USE

ダイエット帳の使い方

●本書P17「ダイエット診断チェックシート」で、自分に合うダイエットが「がちモード」か「ちょいノリ」かを知りましょう。

●まずは2週間、基本の食べ方を守り、「がちモード」「ちょいノリ」向けのエクササイズに挑戦してください。無理をする必要はありません。2週間で、あなたにあった生活スタイルを見つけることが目的なのですから。体調や体力に合わせて、あなたらしいメニューを続けてください。

●次のページを開き、「BODY CHECK」「MENTAL CHECK」の項目を記入しましょう。書き終わったら、自分自身の全身写真を撮ってください。下着か水着か、あなたの今の姿がよくわかる状態で。携帯電話のカメラなら、撮影した写真を保存して、いつでも見ることができてベストです。理想の体型のタレントやモデルがいれば、その写真も保存しておきましょう。「今の私」と「なりたい私」を並べておきます。

●「がちモード」「ちょいノリ」ともに、朝食は朝ジュースが基本です。1日にひとつずつ、レインボージュースのレシピを紹介しています。足りない色を補う参考にしてください。

●体重や体脂肪は、毎日測らなくてもOKです。

●月経の後はやせやすいカラダになっていて、月経の前は体重が落ちにくいカラダになっています。自分のカラダのリズムを確認しながら、ダイエットの停滞期を乗り切りましょう。

●朝起きたときに体調と肌状態を書き、一日の終わりに食事と運動のチェックをします。食事の時間は朝と昼6時間、昼と夜6時間、夜と朝は12時間あけるのが理想です。心の片隅に置いておきましょう。

BODY CHECK

今の自分と向き合いましょう

カラダのサイズを測るときは裸で鏡の前に立ち、ボディラインをチェックしてください。数字ではわからない、体型の細部を見つめましょう。お尻と太ももの境目にへんなラインが入っていませんか。お腹や二の腕は？　気になるところがあれば書き出しましょう。

身長

cm

体重

kg

体脂肪率

%

バスト

cm

ウエスト

cm

ヒップ

cm

二の腕

cm

太もも（つけ根3cm下）

cm

ふくらはぎ

cm

足首

cm

気になるパーツはどこですか？

MENTAL CHECK

やせたらしたいことを書いてみましょう

ダイエットの目標がはっきりしているほど継続しやすいのです。「海に行く」「流行の服を着る」など、なんでもOK。できるだけ具体的に、いつどこで誰と何をしたいか、想像してみましょう。

やせたら何がしたいですか？

1 日目

SILK'S MESSAGE

さぁ、今日からスタート。リラックスして、自分をもっと好きになろうとする気持ちを大切に。

JUICE RECIPE ｜緑

レタス1/2個、パセリ30g、リンゴ1個、キウイ1個

キウイは半分に切り中身をくり抜き、リンゴは芯を取りひと口大に切る。レタスでパセリを巻くようにして、すべてミキサーにかける。

月　　日	お目覚めのお肌と体調 今日はどんな感じですか？	
睡眠時間　　時間	体重　　kg	体脂肪率　　%
食事 朝 □ ジュース 材料	昼	夜 □ ごはん100g
間食		

レインボーチェック	栄養バランスチェック	てっぱん基本運動
□ 赤	□ 肉（鶏・豚・牛）	□ パーツ＆体幹エクササイズ
□ 白	□ マ（豆類・大豆加工食品）	□ グッズエクササイズ
□ 紫	□ ゴ（ゴマ）	□ 隙間ストレッチ
□ 黒（茶）	□ は（発酵食品）	□ 眠る前ストレッチ　合計　分
□ 黄	□ や（野菜）	有酸素運動
□ 橙	□ さ（魚）	□ ジョギング　□ ウォーキング
□ 緑（青）	□ し（椎茸類）	□ サイクリング
	□ い（芋類）	□ ヨガ、エアロビクス
	□ わ（海藻類）	□ ステップアップ＆ダウン　合計　分
	□ ネ（ネバネバ系）	

今日の感想をひと言で

2 日目

SILK'S MESSAGE

間食にはドライフルーツか、無塩アーモンドなどのナッツ類がおすすめ。無理な我慢はカラダにも心にもよくありません。どうしてもスイーツが食べたい夜は「カラダにやさしい大人のおやつ」(P36～37) を試してみましょう。

JUICE RECIPE ｜紫

ブルーベリー（冷凍でもOK）100g、ヨーグルト100cc、アガベシロップ（または、はちみつ）少々

すべてをミキサーにかける。

月　日	お目覚めのお肌と体調 **今日はどんな感じですか？**	
睡眠時間　時間	体重　kg	体脂肪率　%
食事 □ ジュース ［材料　］ 朝	昼	□ ごはん100g 夜
間食		

レインボーチェック	栄養バランスチェック	てっぱん基本運動
□ 赤	□ 肉（鶏・豚・牛）	□ パーツ＆体幹エクササイズ
□ 白	□ マ（豆類・大豆加工食品）	□ グッズエクササイズ
□ 紫	□ ゴ（ゴマ）	□ 隙間ストレッチ
□ 黒（茶）	□ は（発酵食品）	□ 眠る前ストレッチ　合計　分
□ 黄	□ や（野菜）	有酸素運動
□ 橙	□ さ（魚）	□ ジョギング　□ ウォーキング
□ 緑（青）	□ し（椎茸類）	□ サイクリング
	□ い（芋類）	□ ヨガ、エアロビクス
	□ わ（海藻類）	□ ステップアップ＆ダウン　合計　分
	□ ネ（ネバネバ系）	

今日の感想をひと言で

3
日目

SILK'S MESSAGE

上手にアルコールを楽しみましょう。ビールは中瓶２本まで、焼酎はグラス２杯まで、ワインはグラス４杯まで、缶チューハイは２本まで。この量を必ず守ってください。お酒を飲むときは、同量のお水を飲むことも忘れずに。

JUICE RECIPE ｜緑

小松菜４株、リンゴ１個、ブロッコリー 1/4個、スーパースプラウト１パック、レモン汁少々

小松菜はざく切りに、ブロッコリーは子房に分け、リンゴは芯を取りひと口大に切る。すべてをミキサーにかける。

月　　日

お目覚めのお肌と体調
今日はどんな感じですか？

睡眠時間　　時間

体重　　kg

体脂肪率　　%

食事

朝
- ☐ ジュース
- 材料

昼

夜
- ☐ ごはん 100g

間食

レインボーチェック
- ☐ 赤
- ☐ 白
- ☐ 紫
- ☐ 黒（茶）
- ☐ 黄
- ☐ 橙
- ☐ 緑（青）

栄養バランスチェック
- ☐ 肉（鶏・豚・牛）
- ☐ マ（豆類・大豆加工食品）
- ☐ ゴ（ゴマ）
- ☐ は（発酵食品）
- ☐ や（野菜）
- ☐ さ（魚）
- ☐ し（椎茸類）
- ☐ い（芋類）
- ☐ わ（海藻類）
- ☐ ネ（ネバネバ系）

てっぱん基本運動
- ☐ パーツ＆体幹エクササイズ
- ☐ グッズエクササイズ
- ☐ 隙間ストレッチ
- ☐ 眠る前ストレッチ

合計　　分

有酸素運動
- ☐ ジョギング　☐ ウォーキング
- ☐ サイクリング
- ☐ ヨガ、エアロビクス
- ☐ ステップアップ＆ダウン

合計　　分

今日の感想をひと言で

4 日目

SILK'S MESSAGE

毎日をダラダラ過ごしてもキレイになれません。でもダラダラする日も大事。予定通りのメニューをこなせなかった自分をゆるしてあげましょう。

JUICE RECIPE ｜橙

柚子1/2個、みかん3個、水50cc、しょうがの絞り汁小1

みかんの皮をむき、水とミキサーにかける。仕上げに柚子を絞り、しょうがの絞り汁を加える。

月　日	お目覚めのお肌と体調 今日はどんな感じですか？	
睡眠時間　時間	体重　kg	体脂肪率　%
食事 □ ジュース ［材料　］ 朝	昼	□ ごはん100g 夜
間食		

レインボーチェック	栄養バランスチェック	てっぱん基本運動
□ 赤	□ 肉（鶏・豚・牛）	□ パーツ＆体幹エクササイズ
□ 白	□ マ（豆類・大豆加工食品）	□ グッズエクササイズ
□ 紫	□ ゴ（ゴマ）	□ 隙間ストレッチ
□ 黒（茶）	□ は（発酵食品）	□ 眠る前ストレッチ　合計　分
□ 黄	□ や（野菜）	有酸素運動
□ 橙	□ さ（魚）	□ ジョギング　□ ウォーキング
□ 緑（青）	□ し（椎茸類）	□ サイクリング
	□ い（芋類）	□ ヨガ、エアロビクス
	□ わ（海藻類）	□ ステップアップ＆ダウン　合計　分
	□ ネ（ネバネバ系）	

今日の感想をひと言で

5 日目

SILK'S MESSAGE

あなたの考え方の悪いくせを知りましょう。物事を否定的に捉えていませんか。長続きしないはず、できないはず、という思い込みは捨ててください。うまく乗り切るコツは、悪い考えが浮かんだら、その逆を試してみること。

JUICE RECIPE | 赤

バナナ1/2本、イチゴ5個、豆乳100cc

バナナは皮をむきひと口大に切り、イチゴはへたを取る。すべてをミキサーにかける。

月　　日	お目覚めのお肌と体調 今日はどんな感じですか？

睡眠時間	体重	体脂肪率
時間	kg	%

食事

朝	昼	夜
□ ジュース 材料		□ ごはん100g

間食

レインボーチェック	栄養バランスチェック	てっぱん基本運動
□ 赤	□ 肉（鶏・豚・牛）	□ パーツ＆体幹エクササイズ
□ 白	□ マ（豆類・大豆加工食品）	□ グッズエクササイズ
□ 紫	□ ゴ（ゴマ）	□ 隙間ストレッチ
□ 黒（茶）	□ は（発酵食品）	□ 眠る前ストレッチ　合計　分
□ 黄	□ や（野菜）	有酸素運動
□ 橙	□ さ（魚）	□ ジョギング　□ ウォーキング
□ 緑（青）	□ し（椎茸類）	□ サイクリング
	□ い（芋類）	□ ヨガ、エアロビクス
	□ わ（海藻類）	□ ステップアップ＆ダウン　合計　分
	□ ネ（ネバネバ系）	

今日の感想をひと言で

6 日目

SILK'S MESSAGE

ダイエット・チャンスを逃さないで。エスカレーターやエレベーターを使わず、階段を上り下りしましょう。フローリングの雑巾がけやお風呂掃除、窓ガラス磨き……、自宅はいちばん近いジム。汚れた部屋でごろごろ過ごしていては、美人になれません！

JUICE RECIPE ｜茶

柿1個、干し柿1個、豆乳200cc、塩少々

柿の皮をむいて種を取り、干し柿はへたを取り、ひと口大に切る。すべてをミキサーにかける。

月　日

お目覚めのお肌と体調
今日はどんな感じですか？

睡眠時間　時間

体重　kg

体脂肪率　%

食事

□ ジュース

[材料]

朝

昼

□ ごはん100g

夜

間食

レインボーチェック
- □ 赤
- □ 白
- □ 紫
- □ 黒（茶）
- □ 黄
- □ 橙
- □ 緑（青）

栄養バランスチェック
- □ 肉（鶏・豚・牛）
- □ マ（豆類・大豆加工食品）
- □ ゴ（ゴマ）
- □ は（発酵食品）
- □ や（野菜）
- □ さ（魚）
- □ し（椎茸類）
- □ い（芋類）
- □ わ（海藻類）
- □ ネ（ネバネバ系）

てっぱん基本運動
- □ パーツ＆体幹エクササイズ
- □ グッズエクササイズ
- □ 隙間ストレッチ
- □ 眠る前ストレッチ

合計　分

有酸素運動
- □ ジョギング　□ ウォーキング
- □ サイクリング
- □ ヨガ、エアロビクス
- □ ステップアップ＆ダウン

合計　分

今日の感想をひと言で

7 日目

SILK'S MESSAGE

折り返し地点です。ストレスは大丈夫ですか？　リラックスする方法のひとつは深呼吸。5秒で鼻から吸って、お腹にためて、3秒であばらの下まで上げて、5秒で「シー」と言いながら口を横に開いて息を出し切ります。慣れてきたら5秒以上かけて、完全に息を吐き切りましょう。リラックスできましたか？　ストレスを感じたら、3～5回続けて深呼吸してみてください。

JUICE RECIPE ｜緑

キャベツ2～3枚、パイナップル（カットフルーツ）2～3個、炭酸水100cc、レモンの絞り汁少々

すべてをミキサーにかける。

月　　日

お目覚めのお肌と体調
今日はどんな感じですか？

睡眠時間	体重	体脂肪率
時間	kg	%

食事

朝	昼	夜
□ ジュース ［材料　］		□ ごはん 100g

間食

レインボーチェック

- □ 赤
- □ 白
- □ 紫
- □ 黒（茶）
- □ 黄
- □ 橙
- □ 緑（青）

栄養バランスチェック

- □ 肉（鶏・豚・牛）
- □ マ（豆類・大豆加工食品）
- □ ゴ（ゴマ）
- □ は（発酵食品）
- □ や（野菜）
- □ さ（魚）
- □ し（椎茸類）
- □ い（芋類）
- □ わ（海藻類）
- □ ネ（ネバネバ系）

てっぱん基本運動

- □ パーツ＆体幹エクササイズ
- □ グッズエクササイズ
- □ 隙間ストレッチ
- □ 眠る前ストレッチ

合計　分

有酸素運動

- □ ジョギング　□ ウォーキング
- □ サイクリング
- □ ヨガ、エアロビクス
- □ ステップアップ＆ダウン

合計　分

今日の感想をひと言で

8
日目

SILK'S MESSAGE

ダイエットにくじけそうになったら、ノートの最初を開いて「やせたらしたいこと」を声に出して読んでみましょう。心とカラダはつながっています。自分は必ずキレイになれると念じましょう。

JUICE RECIPE ｜白

キュウリ1/2本、リンゴ1/2個、水100cc、レモン汁大1

キュウリは端を切り落とし、リンゴは芯を取り、ひと口大に切る。すべてをミキサーにかける。

月　　日

お目覚めのお肌と体調
今日はどんな感じですか？

睡眠時間　　時間

体重　　kg

体脂肪率　　%

食事

- ☐ ジュース

［材料　］

朝

昼

- ☐ ごはん100g

夜

間食

レインボーチェック

- ☐ 赤
- ☐ 白
- ☐ 紫
- ☐ 黒（茶）
- ☐ 黄
- ☐ 橙
- ☐ 緑（青）

栄養バランスチェック

- ☐ 肉（鶏・豚・牛）
- ☐ マ（豆類・大豆加工食品）
- ☐ ゴ（ゴマ）
- ☐ は（発酵食品）
- ☐ や（野菜）
- ☐ さ（魚）
- ☐ し（椎茸類）
- ☐ い（芋類）
- ☐ わ（海藻類）
- ☐ ネ（ネバネバ系）

てっぱん基本運動

- ☐ パーツ＆体幹エクササイズ
- ☐ グッズエクササイズ
- ☐ 隙間ストレッチ
- ☐ 眠る前ストレッチ

合計　　分

有酸素運動

- ☐ ジョギング　☐ ウォーキング
- ☐ サイクリング
- ☐ ヨガ、エアロビクス
- ☐ ステップアップ＆ダウン

合計　　分

今日の感想をひと言で

9 日目

SILK'S MESSAGE

お風呂でストレス発散を。たまには近くのスーパー銭湯に出かけてみませんか。いろんな種類のお風呂が楽しめて、フィットネスやランニングマシーンを備えているところもあります。入浴後はお気に入りのボディケア・アイテムを使って、入念なマッサージを。自分のカラダを愛おしく思うことが、キレイへの第一歩なのです。

JUICE RECIPE ｜橙

かぼちゃ50g、バナナ1本、水150cc、はちみつ少々

かぼちゃは種を取り、茹でて皮をむく。バナナは3等分に切る。すべてをミキサーにかける。

月　日	お目覚めのお肌と体調 今日はどんな感じですか？

睡眠時間　時間	体重　kg	体脂肪率　%

食事 □ ジュース 材料 朝	昼	□ ごはん100g 夜

間食

レインボーチェック	栄養バランスチェック	てっぱん基本運動
□ 赤	□ 肉（鶏・豚・牛）	□ パーツ＆体幹エクササイズ
□ 白	□ マ（豆類・大豆加工食品）	□ グッズエクササイズ
□ 紫	□ ゴ（ゴマ）	□ 隙間ストレッチ
□ 黒（茶）	□ は（発酵食品）	□ 眠る前ストレッチ　合計　分
□ 黄	□ や（野菜）	有酸素運動
□ 橙	□ さ（魚）	□ ジョギング　□ ウォーキング
□ 緑（青）	□ し（椎茸類）	□ サイクリング
	□ い（芋類）	□ ヨガ、エアロビクス
	□ わ（海藻類）	□ ステップアップ＆ダウン　合計　分
	□ ネ（ネバネバ系）	

今日の感想をひと言で

10 日目

SILK'S MESSAGE

ダイエット中に不足しがちな水分は、1日2リットルを目安に補給しましょう。朝起きたときの1杯と、お風呂の前の1杯は必ず忘れずに。朝の水は、睡眠中にドロドロになった血液をさらさらにするため。お風呂の前の水は、発汗作用を高めて老廃物の排出をスムーズにしてくれます。

JUICE RECIPE ｜白

カブ1個、洋梨1個、水100cc
※洋梨はリンゴに変えてもOK

カブは4つ割り、洋梨は芯を取りひと口大に切る。すべてをミキサーにかける。

月　　日

お目覚めのお肌と体調
今日はどんな感じですか？

睡眠時間　　時間

体重　　kg

体脂肪率　　%

食事

- ☐ ジュース

［材料　　］

朝

昼

夜

- ☐ ごはん100g

間食

レインボーチェック

- ☐ 赤
- ☐ 白
- ☐ 紫
- ☐ 黒（茶）
- ☐ 黄
- ☐ 橙
- ☐ 緑（青）

栄養バランスチェック

- ☐ 肉（鶏・豚・牛）
- ☐ マ（豆類・大豆加工食品）
- ☐ ゴ（ゴマ）
- ☐ は（発酵食品）
- ☐ や（野菜）
- ☐ さ（魚）
- ☐ し（椎茸類）
- ☐ い（芋類）
- ☐ わ（海藻類）
- ☐ ネ（ネバネバ系）

てっぱん基本運動

- ☐ パーツ＆体幹エクササイズ
- ☐ グッズエクササイズ
- ☐ 隙間ストレッチ
- ☐ 眠る前ストレッチ

合計　　分

有酸素運動

- ☐ ジョギング　☐ ウォーキング
- ☐ サイクリング
- ☐ ヨガ、エアロビクス
- ☐ ステップアップ＆ダウン

合計　　分

今日の感想をひと言で

11
日目

SILK'S MESSAGE

たくさん食べるか、おいしく食べるか。大好きなものを少量だけ、じっくり味わうのも満足感があるものです。揚げ物やスイーツも、罪悪感を持って食べるより、ひと口ひと口おいしいと思って食べた方がずっと幸せな食事になります。

JUICE RECIPE ｜黄

オレンジ2個、ヨーグルト1/2カップ、卵1個、はちみつ大1/2

オレンジは皮をむき、ひと口大に切る。すべてをミキサーにかける。

月　日

お目覚めのお肌と体調
今日はどんな感じですか？

睡眠時間　時間

体重　kg

体脂肪率　%

食事

□ ジュース

材料

朝

昼

□ ごはん100g

夜

間食

レインボーチェック

□ 赤
□ 白
□ 紫
□ 黒（茶）
□ 黄
□ 橙
□ 緑（青）

栄養バランスチェック

□ 肉（鶏・豚・牛）
□ マ（豆類・大豆加工食品）
□ ゴ（ゴマ）
□ は（発酵食品）
□ や（野菜）
□ さ（魚）
□ し（椎茸類）
□ い（芋類）
□ わ（海藻類）
□ ネ（ネバネバ系）

てっぱん基本運動

□ パーツ＆体幹エクササイズ
□ グッズエクササイズ
□ 隙間ストレッチ
□ 眠る前ストレッチ

合計　分

有酸素運動

□ ジョギング　□ ウォーキング
□ サイクリング
□ ヨガ、エアロビクス
□ ステップアップ＆ダウン

合計　分

今日の感想をひと言で

12 日目

SILK'S MESSAGE

あともう少し。ここまで頑張れたご褒美に、ボディマッサージやフェイシャルエステなど、モチベーションがアップする美メニューを試してみるのもおすすめ。人の手を借りてキレイになることも大事です。

JUICE RECIPE ｜緑

アスパラ２本、リンゴ1/2個、水100cc

アスパラは根元を切り落とし３等分ぐらいに切り、リンゴは芯を取りひと口大に切る。すべてをミキサーにかける。

月　　日

お目覚めのお肌と体調
今日はどんな感じですか？

睡眠時間　　時間

体重　　kg

体脂肪率　　%

食事

□ ジュース

［材料　］

朝

昼

□ ごはん100g

夜

間食

レインボーチェック

- □ 赤
- □ 白
- □ 紫
- □ 黒（茶）
- □ 黄
- □ 橙
- □ 緑（青）

栄養バランスチェック

- □ 肉（鶏・豚・牛）
- □ マ（豆類・大豆加工食品）
- □ ゴ（ゴマ）
- □ は（発酵食品）
- □ や（野菜）
- □ さ（魚）
- □ し（椎茸類）
- □ い（芋類）
- □ わ（海藻類）
- □ ネ（ネバネバ系）

てっぱん基本運動

- □ パーツ＆体幹エクササイズ
- □ グッズエクササイズ
- □ 隙間ストレッチ
- □ 眠る前ストレッチ

合計　　分

有酸素運動

- □ ジョギング　□ ウォーキング
- □ サイクリング
- □ ヨガ、エアロビクス
- □ ステップアップ＆ダウン

合計　　分

今日の感想をひと言で

13

日目

SILK'S MESSAGE

キレイはもうすぐそこです！　あともう1歩、頑張りましょう。

JUICE RECIPE｜黄

レモン1/2個、リンゴ1/2個、熱湯100cc、アガベシロップ（または、はちみつ）大1

レモンを絞り、リンゴはすりおろす。すべてを混ぜ合わせ、熱湯を注ぐ。

月　　日

お目覚めのお肌と体調
今日はどんな感じですか？

睡眠時間　　時間

体重　　kg

体脂肪率　　%

食事

□ ジュース

材料

朝

昼

□ ごはん100g

夜

間食

レインボーチェック

□ 赤
□ 白
□ 紫
□ 黒（茶）
□ 黄
□ 橙
□ 緑（青）

栄養バランスチェック

□ 肉（鶏・豚・牛）
□ マ（豆類・大豆加工食品）
□ ゴ（ゴマ）
□ は（発酵食品）
□ や（野菜）
□ さ（魚）
□ し（椎茸類）
□ い（芋類）
□ わ（海藻類）
□ ネ（ネバネバ系）

てっぱん基本運動

□ パーツ＆体幹エクササイズ
□ グッズエクササイズ
□ 隙間ストレッチ
□ 眠る前ストレッチ

合計　　分

有酸素運動

□ ジョギング　□ ウォーキング
□ サイクリング
□ ヨガ、エアロビクス
□ ステップアップ＆ダウン

合計　　分

今日の感想をひと言で

14
日目

SILK'S MESSAGE

ラスト1日です。2週間のビューティ・キャンプの最終日です。カラダが軽くなり、肌のコンディションもよくなっていませんか？

JUICE RECIPE │白

大根100g、リンゴ1個、水50cc、レモンの絞り汁小1、アガベシロップ（または、はちみつ）少々

大根、リンゴは一口大に切る。すべてをミキサーにかける。

月　　日

お目覚めのお肌と体調
今日はどんな感じですか？

睡眠時間　　時間
体重　　kg
体脂肪率　　%

食事

- [ ] ジュース

材料

朝

昼

- [ ] ごはん 100g

夜

間食

レインボーチェック

- [ ] 赤
- [ ] 白
- [ ] 紫
- [ ] 黒（茶）
- [ ] 黄
- [ ] 橙
- [ ] 緑（青）

栄養バランスチェック

- [ ] 肉（鶏・豚・牛）
- [ ] マ（豆類・大豆加工食品）
- [ ] ゴ（ゴマ）
- [ ] は（発酵食品）
- [ ] や（野菜）
- [ ] さ（魚）
- [ ] し（椎茸類）
- [ ] い（芋類）
- [ ] わ（海藻類）
- [ ] ネ（ネバネバ系）

てっぱん基本運動

- [ ] パーツ＆体幹エクササイズ
- [ ] グッズエクササイズ
- [ ] 隙間ストレッチ
- [ ] 眠る前ストレッチ

合計　　分

有酸素運動

- [ ] ジョギング
- [ ] ウォーキング
- [ ] サイクリング
- [ ] ヨガ、エアロビクス
- [ ] ステップアップ＆ダウン

合計　　分

今日の感想をひと言で

おわりに

2週間、本当によく頑張りましたね。
カラダが軽くなり、お肌のコンディションも上向きになって
心までなんだか軽やかになっていませんか？
今のあなたは、2週間前よりずっと進化しています。
自信を持って、あなたの中に芽生えた「自芯」をさらに大きく育てましょう。
この2週間、毎日実践できたあなたならもう大丈夫！
これからもこの習慣を続け、目標を達成してくださいね。
ますますキレイで気持ちいい、新しいあなたがすぐそこの未来で
大きく手を広げて待っていますよ！

新しいあなたと、
お会いできる日を楽しみにしています。

Congratulations!
Silk.